青森県初の衆議院議長

大島理森

―「真情と握りの政治家」―

藤本一美

北方新社

青森県初の衆議院議長

大島理森

―「真情と握りの政治家」―

出典：『衆議院議員要覧』〔2021年、衆議院〕

目次

序文―「革新的保守主義」政治家の誕生

筆者の故郷である青森県は本州の最北端に位置しており、風土的に〝津軽〟と〝南部〟地方とに区分されている。一般的に、津軽地方は雪が深く、そして住民には、ジョッパリで情緒的な精神の持ち主が多いという。これに対して、南部地方は雪が少なく偏東風（ヤマセ）が吹き、住民にはおだやかで合理的精神の持ち主が少なくない、と言われている。両地方はまた、政争の激しい土地柄として有名であって、前者は選挙管理委員会を巻き込んだ不正がはびこる「津軽選挙」が横行する一方、後者は市を二分する住民を巻き込んだ対立が見られ、それは「八戸戦争」と称されている。南部地方の八戸市を含む第２選挙区（以下２区と略）において、衆議院総選挙で連続当選12回を誇った「革新的保守主義[1]」政治家がいる[2]。その人の名は、先に衆議院議長の要職にあった大島理森（おおしま・ただもり）である。

大島は１９４６年９月６日、青森県の八戸市尻内町において、父・勇太朗と母・ツルの６男として出生。大島家は、父の勇太朗が青森県会議員を六期務めて議長に就任、また、母方の叔父である夏堀源三郎も衆議院議員６回の当選を重ねた「政治家」の家系である。理森は、地元の八戸市立三条小学校、八戸市立三条中学校、および県立八戸高等学校を経て、慶應義塾大学の法学部法律学科を卒業した後、毎日新聞社に入社した。

１９７５年４月13日、大島は父勇太朗の死去を受けて、青森県議会議員に出馬して初当選し、これを二期務めた。次いで、１９８３年12月18日には、衆議院総選挙に青森旧第１区から自民党公認で出馬して二度目で当選、以後12回連続当選を果たした。大島は、政界において〃真情と握りの政治家〃だと言われ(3)、派閥は河本敏夫派―高村正彦派に属した。

上で述べたように、青森県内では、〃八戸戦争〃という言葉がつとに知られており、それは八戸市の政界を二分してきた選挙をめぐる戦いで、近年では、大島理森と田名部匡省・匡代親子との間における衆議院議員の議席をめぐる対決が有名である。大島はこの戦いで、田名部親子を制して、約38年（１９８３年12月～２０２１年10月）にわたり議席を死守してきたのだ。

この間に大島は、自民党の国会対策委員長（以下、国対委員長と略す）を二度も務めあげ、〃握りの大島〃という異名をいただいた。それは、大島が与野党のパイプを活用し、党内外と左右のイデオロギーを超えた人脈を築いたからに他ならない。国対委員長として巧みな交渉力が評価された大島は、その後、環境庁長官、文部大臣兼科学技術庁長官、および農林水産大臣として入閣を果たしている。

第一次安倍改造内閣では、大島は再び国対委員長に就任、続く、福田康夫内閣の下でも、周到な野党対応を買われて留任し、特に、参議院で野党が過半数という「ネジレ国会」で力量を発揮した。２００８年12月１日には、国対委員長としての通算在職日数がついに１１２８日に達した。

２００９年９月29日、大島は国対委員長から転じて自民党幹事長に就任する。翌年７月11日、菅直人内閣の下で行われた参議院通常選挙では、参議院一人区に的を絞った選挙戦術や公明党との選挙協力が奏功し、自民党を改選第１党に押し上げた。次いで、大島は２０１０年９月９日には自民党副総裁に就任、国会対策など実務の面で、与野党協議を巡る巧みな力量がマスコミで報じられた。

２０１２年9月、大島は副総裁を退任して「番町政策研究所」会長となり、〝大島派〟を発足させた。青森県出身の国会議員が派閥領袖に就任するのは、「平成研究会」の津島雄二に続き2人目である。

越えて２０１５年4月21日、大島はついに衆議院議長に選出された。戦後生まれの議員が衆議院議長に就任するのは史上初であり、また、青森県出身の政治家が衆議院議長に就任するのも最初であった。大島は議長就任に伴い自民党会派を離脱し、「番町政策研究所」の会長を山東昭子・参議院議員に譲った。

その後、大島は２０１６年9月、５度目となる北朝鮮の核実験を受け、それが「国際社会への重大な挑戦であり、唯一の被爆国のわが国として断じて容認できない」と抗議する議長談話を発表するなど、異色の〝発言する議長〟として、世間の注目を集めた。また、２０１７年11月、衆議院総選挙後の特別国会で、大島は再び衆議院議長に選出されたのである。そして、２０２１年8月、大島は次期総選挙に出馬しない旨を宣言、10月でもって衆議院議員を引退。75歳に達していた。

大島は２０２１年8月12日、突如、次期衆議院総選挙には出馬せず、政界を引退すると表明したのである。自らもう一期務めるより、気力と体力のある時に引退し、若い人を押し上げて政治家として助走期間を伴走し、育てていく―これこそ自問自答を繰り返した大島が決断した、故郷への責任を果たす道だった、という。衝撃的な政界引退表明であった。(4)

さて本書は、青森2区選出で約38年近く衆議院議員を務めてきた大島の政治家としての生き様を辿る試みである。論述は、最初に大島の歩みを概観し、八戸市の政治を象徴する、いわゆる「八戸戦争」と「八戸方式」に触れる。次いで、若き日の大島、すなわち、三条小学校、三条中学校、八戸高校、慶応義塾大学、毎日新聞社、県会議員、および衆議院議員時代の言動を紹介する。さらに、自民党や国会での役職＝国対委員長、衆議院予算委員長、３度にわたる入閣、並びに衆議院議長時代の活動や思想的座標軸を検討する。そして最後に、国会での発言記録を踏まえて大島の講演会の模様を紹介する。その際、本書では大島を「革新的保守主義」政治家であると位置づけて、「光」と「影」の部分を明らかにしたい。

近い将来、大島については、自叙伝の類が出版されることであろう。本書は、大島の政治家としての活動に焦点をあてた論文集であり、そのため記述が重複している点をお断りしておきたい。それ故、今後の研究の露払いの役割を果たせれば十分だと認識しており、本書を通じて、「政治家」大島の実像が少しでも明らかに出来れば幸いである。(5) 内容については今後、読者から批判を賜り、過ちがあればより正確な内容に手直ししていきたい。

本書の出版は『北方新社』にお願いした。出版事情が厳しい中で、本書の出版を快く受けていただいた木村和生社長、また本書の編集を担当された工藤慶子さんには、大変お世話をかけました。ありがとう御座います。

2022年5月吉日

藤　本　一　美

《注》

(1)「革新的保守主義」政治家とは、本来、保守的思想を有しているものの、行動の面で改革的な仕事をする政治家を指している。これと対局的な立場にいるのが、「保守的革新主義」政治家に他ならない。彼らは、元々、改革的思想を持っていたが、実際の行動を見ると、保守的な枠におさまり現状維持に満足している。

(2)「政治家」とは、政治的活動に従事する人間、つまり、職業として政治に携わる人のことを指している。その場合、政治家は〝ポリティシャン（politician）〟と〝ステーツマン（statesman）〟とに分けられる。

イタリアの政治学者ガエターノ・モスカによれば、前者は「統治システムにおける最高の地位に達するのに必要な能力をもち、それを維持する仕方を心得ている人物である」のに対して、後者は「その知識の広さと洞察力の深さによって、自分が生きている社会の欲求をはっきりと正確に感じ取り、できるだけ衝撃や苦痛を避けて、社会の到達すべき目標に導く最善の手段を発見する方法を知っている人」、だと定義して区別している（ガエターノ・モスカ・志水速雄訳『現代思想　第九巻、支配する階級』〔ダイヤモンド社、１９７３年〕、４７１～４７２頁）。

なお、政治の概念は、明確に定まっていない。本書で政治とは、「社会に対する価値の権威的配分（デービット・イーストン）」と定義するが、具体的には「対立する利害を調整し、人々の集合体におけるとり決めや決定を行うこと」である。別言すれば、まつりごとを、力であれ威信によってであれ最終的に支配することだ。

(3)〝真情と握り〟とは、政治交渉の場で情を尽くし、最後は妥協して握手することのようである。

(4)「大島氏新たな灯つくる―政界引退　責務強調」『東奥日報』２０２１年8月13日。

(5)政治家の実像に迫ることは容易ではない。何故なら、彼らは、日々、有権者やマスメディアを相手に理想的な自画像作りに専心しているからである。実際には、我々は虚像を見せられている面が否めない。だが、公表された資料のみでも、実像の輪郭に迫ることは可能であろう。

一方、政治家の環境は厳しい。特に、衆議院議員の場合任期は4年である。しかし、「解散」があるので実質的任期は2年半ないし3年だ。当選した翌年に総選挙ということもありうる。

第一章　政治家：大島理森の歩み

八戸市市役所

出典：『八戸市役所ホームページ』

1、はじめに

すでに述べたように、大島理森は1946年9月6日、青森県の八戸市尻内町で生まれている。地元の三条小学校、三条中学校、および県立八戸高校を経て、慶応義塾大学法学部を卒業後、毎日新聞社に勤務し、その後1975年4月13日、青森県会議員選に出馬して当選した。父の勇太朗は、戦前から青森県議会議員で、県会議長も務めたし、また、叔父の夏堀源三郎も衆議院議員を長く務めた「政治家一族」の中で育った。大島は1983年12月18日、旧青森1区から自民党公認で衆議院総選挙に出馬して初当選、以後連続12回当選を果たしている。

大島は県議に当選後、自民党に入党。その後、河本派―高村派に所属し、最後は無所属であった。その間に、大島は自民党の国対委員長、同幹事長、および副総裁などを歴任。国会における交渉において、野党各党と太いパイプを持ち、〝握りの大島〟という異名をとり、将来の総理・総裁候補だと目されていた。(1)

大島はその後、巧みな国会対策が評価され、環境庁長官、文部大臣兼科学技術庁長官、および農林水産大臣を歴任した。だが、2002年9月30日、小泉内閣の下で農相として入閣したものの、その際、秘書の口利き疑惑が取りざたされ、半年後の２００３年３月31日、大臣職を辞任している。この〃古傷〃のため、大島は総理・総裁候補のコースから外れた形となった。(2)しかしである。12年後の２０１５年４月21日には、衆議院議長に就任し、見事に復権を果たしている。

序文でも触れたように、地元では大島理森と田名部匡省・匡代親子との、衆議院議員の議席をめぐる「八戸戦争」がつとに知られており、大島は全力を傾けてその戦いで勝利し続け、衆議院議員としての議席を十二期、約38年間にわたって死守してきたのである。(3)

本章では、青森県の保守勢力を代表する、自民党所属の衆議院議員である大島の出生、経歴を踏まえて、政治家に至るまでの活動を概観する。

2、出生・経歴

既に紹介したように、大島は1946年9月6日、県議会議員・大島勇太朗とツル夫妻の6男として、青森県の八戸市で出生した。地元の小学校・中学校、県立八戸高校を経て、1970年3月、慶応義塾大学法学部を卒業後、毎日新聞社の広告局に勤務した。[4]大島は、1974年9月に、毎日新聞社を退社し、翌1975年4月、無所属で県会議員選に出馬、1万1182票を獲得して第2位で当選し、これを二期務めた。当選後は、自民党に入党し、派閥は衆議院議員であった熊谷義雄の選対遊説隊長を務めた関係で、河本敏夫派に所属した。[5]

大島は1980年6月、衆参ダブル選挙の時、衆議院総選挙に転じて青森旧1区から出馬、6万3958票を獲得したものの、自民党大平派の津島雄二に5422票の差をつけられ次点で落選の憂き目を見た。しかし、3年半後の1983年12月の衆議院総選挙では、9万8275票を獲得し、津島を抑えて見事にトップ当選を果たした。大島弱冠37歳の時であり、それ以後、12回連続当選を重ね議席を堅持してきた。

大島はこの間に、１９９５年８月、村山富市内閣の下で環境庁長官に、次いで、２０００年７月、森喜朗内閣の下で文部大臣兼科学技術庁長官に、そして、２００２年９月には、小泉純一郎内閣の下で、農林水産大臣として入閣をしている。[(6)] それから12年後、大島は２０１５年４月、第二次安倍政権の下で、衆議院議長に選出された。本県選出の衆議院議員の中で、議長への就任は初めての快挙であった。なお、参議院議長には、戦後の１９４９年11月、本県選出の参議院議員で元外交官の佐藤尚武が就任している。[(7)]

3、県会議員

大島の政治家としてのスタートは、青森県議会議員からである。父の勇太朗も県議を六期も務めあげたベテラン議員で、1955年5月には県会議長に就任している。1974年4月、勇太朗が死去、その地盤を受け継ぐ形で、翌1975年4月、理森は県会議員選に出馬して初当選したのだ。理森弱冠28歳の時であった(8)。

大島は県会議員選に立候補した際、世評ではダークホース的存在だった、という。大島自身、その時の様子を「2、3ヶ月アリのようにこまめに歩いた。行く先々で〝勇太朗さんの息子か〟と声を掛けられた」と、述べている(9)。

県会議員に初めて当選した大島は、後援者を前にして「選挙民は既成の政治家にあきている。本当の政治哲学を求めている。そういう意味で私には公約は必要なかった。これから政治家としてやらねばならないことは真の対話だ。たった一人でもやる。見ていてください」、と決意を語った。

ちなみに、大島が初勝利した背景について、選挙参謀は次のように指摘している。

「（理森には）ネームバリューも地盤もなかった。正直勝てるという確信はなかった。ただ理森を育てようというムードがくずれなかったことが勝因でしょう[10]」。

4、衆議院議員

大島は1979年4月に県会議員に再選された1年後の1980年6月、今度は国政を目指して衆議院総選挙に出馬した。しかし、残念ながら落選の憂き目に遭う。[11] だが、3年半後の1983年12月、金的を射止める。前回の衆議院総選挙において5千票差で涙をのんだ大島は、主力地盤の八戸市で根強い勢力を張る旧熊谷系のほか、前回争った中村寿文県議と提携。鉄工業界をはじめ地元企業、八戸の水産加工関連を固めて〝八戸から二人目の代議士を〟と唱え、浮動票のほか公明票も取り込み一気に大島ムードを盛り上げ、衆議院議員の座を手にした。大島は、有権者に対し自分は「手アカに汚れていない若い政治家」だと訴えたが、それが青年・婦人層の支持取り付けに成功したのである。[12]

これ以降大島は、田名部親子との間で「八戸戦争」を戦い抜き、12回連続して衆議院議員の議席を堅持してきた。図表①は、大島が衆議院総選挙で手にした得票と順位を表したものである。

なお、後に詳述するように、大島は2009年9月の衆議院総選挙で、367票の僅差で田名部匡代を下し9選を果たしたものの、一部のテレビが開票終了前に大島の選挙区での落選を伝え、支持者に向けて

〈図表①〉衆議院総選挙での大島理森の得票数と順位

年度	得票数	順位
1980年	6万3,958票	落選（中選挙区制）
1983年	9万8,275票	第一位
1986年	10万0,653票	第二位
1990年	8万4,302票	第四位
1993年	10万2,921票	第二位
1996年	9万6,628票	第一位（小選挙区比例代表制）
2000年	9万3,602票	第一位
2003年	8万6,909票	第一位
2005年	9万0,925票	第一位
2009年	9万0,176票	第一位
2012年	7万4,946票	第一位
2014年	5万9,280票	第一位
2017年	13万3,545票	第一位

出典：「選挙の記録」『青森県選挙管理委員会』
https://www.pref.aomori.lg.jp/soshiki/senkan

お詫び会見を開いた。だが、後にこれは誤報だと判明する一幕もあった。[13]

大島はいわゆる「八戸戦争」において、田名部匡省・匡代親子との間で、選挙区を二分する戦いを演じてきた。ただ、1993年、田名部匡省は自民党を離脱し、新生党を経て新進党に入党・県民協会を設立。また、小選挙区制導入後も、大島と田名部の両者は空白地帯の旧第2区には鞍替えをせず、一騎打ちを展開。だが、1996年10月、小選挙区制の下での初の衆議院総選挙で、大島が勝利するや、落選した田名部の方は参院へと鞍替えを図った。しかしその後、田名部の次女の匡代が、父の後継者として衆議院総選挙に出馬、大島との間で「八戸戦争」を繰り広げてきた。だが終始一貫して、大島は田名部匡代を抑えて勝利を手にしてきた。

5、環境庁長官、文部大臣兼科学技術庁長官、農林水産大臣

すでに述べたように、大島は、これまで3回入閣を果たしている。1回目は、衆議院議員当選四期目の1995年8月8日、村山富市内閣の下で環境庁長官に就任し、2回目は、当選五期目の2000年7月4日、森喜朗内閣の下で文部大臣兼科学技術庁長官に就任、そして3回目は、当選六期目の2002年9月30日、小泉純一郎内閣の下で、農林水産大臣に就任している。本県選出国会議員の中で、三度目の時点での当選回数を比較するならば、当選6回の大島の方が津軽地方（旧第2区）選出の故・田澤吉郎衆議院議員を上回り、青森県ではこれまで最も速い〝スピード出世〟であった。[14]

しかしである。大島は農林水産大臣に就任して僅か6ヵ月後の2003年3月31日、大臣を辞任するはめとなった。元秘書の金銭授受などをめぐる疑惑で監督責任をとって辞任を余儀なくされたのだ。この当時地元の東奥日報は、大島の農相辞任について、次のような社説を掲載している。

「環境庁長官、文部大臣に次いで、56歳の若さで三度目の入閣を果たした。いずれは総理候補と県民から期待さ

れていた政治家が、本県とも関係が深い重要な閣僚ポストを半年限りで去る。何とも残念だ。ただ、辞任によって、疑惑も真意もあいまいになったり、解明は幕を引かれてしまうなら、国民、県民は納得しないだろう。……政治家に対する県民の目は、いつになく厳しくなっている。大島氏は真相を語ってほしい[15]」。

6、衆議院議長

農林水産大臣を辞任に追い込まれ、総理・総裁候補から外れた形となっていた大島は、それから12年後の２０１５年４月21日、第二次安倍内閣の下で、第76代衆議院議長に選出されて、見事によみがえった。国会内で就任会見を開いた大島は議長として、「少数意見をしっかり受け止めながら、議論できる環境をつくっていくことが非常に大事だ。一方で議論するだけでなく結論を出すことも立法府の責任だ」と、国会運営への決意を語った。[(16)]

晴れて衆議院議長に就任した大島は、重要法案の行方に目を配るなど、議長に就任して約6年あまり、その間、国会の節目節目で〝発言する議長〟として話題を呼んだ。総じていえば、大島は議長職を無難にこなした、といえる。その背景となっているのが、後述するように、大島の長い議員歴と、少数派閥に所属しながら、与党野党間のパイプ役として国会で活動してきた経験に他ならない。

7、「政治家」大島理森

大島は、自民党の国対委員長や衆議院の予算委員長職を巧みにこなし、その間に与野党に広い人脈を構築するなど、河本派―高村派という小派閥に所属しながら、政界で出世街道を二段跳び、いや三段跳びで駆け上がってきた、いわば〝サラブレット〟であった。[17]

これまで、大島は政治家として順調な歩みを進んできた、といってよい。父が県会議員、叔父は衆議院議員という恵まれた政治家一族の中で育ち、選挙地盤は盤石であり、「大島」という看板を背負いエリートコースを歩んできた。

実際、大島は衆議院議員に連続当選すること12回、若くして三度も入閣を果たし、また自民党の要職を歴任するなど、野党相手に国会運営の重責を担ってきた。しかしである。その間に、出世階段の金庫＝「政治資金集め」の方は秘書に任せていたのであろうか？ 秘書の口利き疑惑でつまずいてしまった。だが、大島は疑惑の核心には、一切言及することなく、政治不信を拡大させた。政治家としての責任は決して小さくない。農林水産大臣であった大島は疑惑が大きくなり批判が迫りくる渦中で、野党やマスコミへの対応、釈明に追われたのである。[18]

かつて、スキャンダル続きの「疑惑国会」において、自民党の国対委員長であった時に大島は、「政治家には秘書の監督責任がある」と発言したことがある。その言葉が、今度は自分自身に跳ね返ってきたのだ。[19]大島の愛読書はマックス・ウェーバーの『職業としての政治』であるという。ウェーバーは、政治家にとって情熱、責任感、および判断力の三つの資質が必要である、と述べている。大島の場合、情熱は誰にも負けないと思われる。しかし、責任感と判断力の方は、疑惑が発覚して以来、どこかに飛んでしまった感がないわけでない。

8、おわりに

大島は、まぎれもなくエリートの道を順調に歩んできた。実際、名門八戸高校、慶応義塾大学を経て、毎日新聞社に就職。その後、県会議員を二期、衆議院議員を十二期務め、最後は議長という要職についたからだ。総選挙では、12勝1敗の成績を誇り、青森県の南部八戸市を主たる選挙区とする大島は、自民党所属の政治家として、恵まれた人生を突き進んできたといってよい。ただ、その恵まれすぎた環境が逆にあだとなり、秘書の口利き疑惑に象徴されるように、政治家としての大島の目を曇らせたのかもしれない。

大島は、環境庁長官として、水俣病患者の救済、また国会に「党首討論」を導入するなど、政治家として著しい実績を上げてきた。一貫して自民党に所属し、大島は改革に邁進する「革新的保守主義」政治家として活動してきたのだ。その点は大いに評価されてしかるべきであろう。また、若い時には「スパイ防止法案」に反対するなど、党内ではリベラル寄りの道を歩んできたことで知られている[20]。

結局、大島は2021年10月まで衆議院議長の要職を務めあげた上で、衆議院議員を引退した。今後、青森県の衆議院議員で議長にまで上りつめるものはめったにあるまい。大島は国会で〝発言する議長〟として注目をあびながら、結局、6年間も議長職をこなしたのだ。戦後青森県を代表する政治家の一人として、県民は後世に残る功績をあげた大島の突然の衆議院議員引退を惜しんだ。

なお、大島は、家庭では、勢津夫人との間で二男に恵まれ、トイプードル犬を飼い、ことのほかタバコと酒が好きなようである。血液型はB、趣味は読書[21]で、座右の銘は「堅忍不抜」であるそうだ。モットーは「天命に身を任せ、人事を尽くす」ことで、それを実行してきたつもりだと、語っている。[22]

2000年6月に発行された月刊『官界』の中において、若き政治家＝大島理森の人物像が紹介されていたので、最後に紹介しておく。

「類稀なる政治力、我慢強さ、論理的な行動が氏の持ち味と言われる一方で、辛い場面で虚勢を張ったり、情にもろい、熱くなりやすいといった人間くさい一面もこの人の魅力、八戸の厳しい自然に育まれた、やや不器用な若手政治家に周囲は大きな期待をかけている[23]」。

《注》

(1) 『青森県人物・人材情報リスト』〔日外アソシエーツ、2006年〕、47頁。
(2) 「大島理森―ガソリン国会も気配り」『読売ウィークリー』〔2008年2月3日号〕、27頁。
(3) 田名部匡省、田名部匡代については、藤本一美『戦後青森県の保守・革新・中道勢力―青森県選出の国会議員』〔志學社、2017年〕を参照。
(4) 『東奥年鑑 2011年版』〔東奥日報社、2010年〕、72頁。
(5) 朝日新聞青森支局編『風雪の人脈 第一部 政界編』〔青森県コロニー協会出版部、1983年〕、66頁。大島は、派閥では、河本派―高村派に属した。派閥の二枚看板である高村正彦との不協和音が伝えられたが、大島は党務で汗をかくタイプで、高村を立てて、外相、法相まで押し上げた。一方、大島の方は党務で人脈と実力を蓄え、自分の力で役職を手にしてきた。その間に、少数派閥ながら、強力な他の派閥の狭間で生き抜く術を磨いてきたのであろう（「永田町25時　海部、高村を越えられるか　国対族「大島理森」大化けチャンス」『VERDAD』7（1）＝通号69号〔２００１年１月〕、20～21頁。「与野党に広げた人脈を誇る　大島理森衆院予算委員長　存在感増した男の〃表と裏〃」『THEMIS』23（11）号＝２６５号〔２０１４年11月〕、50～51頁）。

(6)「釈然としない大島氏の辞任」『東奥日報』２００３年４月１日、「政治とカネ―大島氏辞任の波紋」同、２００３年４月２日。

(7)藤本一美「戦後青森県の保守勢力と革新勢力①」『専修大学法学論集』第１２７号〔２０１６年７月〕参照。

(8)帰郷した際に、理森は「県議選に出たい」と父に相談したところ、勇太朗は「(選挙は) そんなに甘くはないぞ」と語った（前掲書『風雪の人脈　第一部　政界編』、65頁）。勇太朗については、『青森県人名事典』〔東奥日報社、２００２年〕、95頁、藤本一美『戦後青森県議会議員選挙と正副議長』〔北方新社、２０１９年〕、第二部第３章を参照。

(9)前掲書『風雪の人脈　第一部　政界編』、65～66頁。

(10)「新県議会議員喜びの横顔―最年少　大勝に酔う」『東奥日報』１９７５年４月14日。

(11)政治学者の木村良一は、選挙結果を「津島のこの落ち込みは、新人で次点の大島に５千票差に追いつめられたのである。大島は前回の熊谷票を７千票も上回り、田名部の存在さえ脅かした」と分析している（木村良一『検証戦後青森県衆議院議員選挙』〔北方新社、１９８９年〕、２３１頁）。なお、この総選挙で、田名部が２位で当選、反田名部票を結集した大島は約６千票で次点に終わった。この段階で、すでに大島と田名部の間で「八戸戦争」は始まっていた、ともいえる（前掲書『風雪の人脈　第一部　政界編』、66～67頁）。

(12)「新旧交代、象徴的」『東奥日報』１９８３年12月19日。

(13)同上、２００９年８月31日。

(14)「大島氏　農水相に就任」同上、２００２年10月１日。

(15)「社説：釈然としない大島氏の辞任」同上、２００３年４月１日。

(16)同上、２０１５年４月22日。

(17)「政治とカネ―大島氏辞任の波紋（下）」、同上、２００３年４月２日。
(18)「政治とカネ―大島氏辞任の波紋（上）」同上、２００３年４月１日。
(19)「政治とカネ―大島氏辞任の波紋（下）」同上、２００３年４月２日、「大島農水大臣〝六千万円口利き疑惑〟」『週刊文春』２００２年10月24日号、１６６頁。大島は自民党の副総裁時代、次のように語っている。「言葉に責任を持つことは、どんな時代であっても政治家のモラルであり必要です。この気持ちがなくなると、国民の政治への信頼を失います」（「大島理森副総裁に聞く―民信無くば立たず」『りぶる』〔２０１２年８月号〕、８頁）。
(20)「大島理森　昭和21年生まれとして」『中央公論』（１９８７年４月号）、78頁。
(21)大島は学生時代、司馬遼太郎や山本周五郎を、最近では葉室麟の作品を愛読し、『霖雨（りんう）』を推薦している（『リーダーの本棚Ｉ　〝決断を支えた一冊〟大島理森』〔日本経済新聞社、２０１８年〕、93～95頁）。
(22)『18年の報告書―国政への挑戦』〔大島理森事務所、２００１年〕。
(23)「衆院・常任委員長の横顔　環境委員長　細川律夫、議院運営委員長　大島理森、懲罰委員長　池端清一、国家基本政策委員長　小里貞利」『官界』〔２０００年６月号〕、３頁。

第二章 「八戸戦争」と「八戸方式」

八戸市長・熊谷雄一（2021年11月17日～）

出典：『熊谷雄一公式サイト』

1、はじめに

〈図表①〉　八戸市の位置
出典：『青森県百科事典』〔東奥日報社、1981年〕

大島理森は、青森県南部地方の八戸市出身の政治家であり、県会議員二期を経て衆議院総選挙で当選すること12回の実績を誇る。それでは、大島が生まれて長らく付き合ってきた八戸市とはいかなる歴史を有し、どういう街で、またその政治的特色は一体何か？　本章では、大島の故郷＝八戸市について概観する。

八戸市は1929年5月1日、当時の八戸町、小中野町、湊町、および鮫村の4町村の合併で誕生した。当市は、図表①からも明らかなように、青森県の東部に位置し、太平洋に面する都市であり、青森市、弘前市と共に青森県の主要三大都市の一角を構成している。

八戸市の地形は、なだらかな台地に囲まれた平野が太平洋に向かって広がり、その平野を三分する形で馬淵川、新井田川の2本の川が流れている。臨海部には大規模な工業港、漁港、および商業港が整備され、その背後には工業地帯が形成されている。八戸市は、優れた漁港施設や背後施設を有する全国屈指の水産都市であって、また、北東北随一の工業都市でもある。

八戸市といえばまた、漁業の街として知られている。八戸の水産業は、日本一のイカ魚の水揚げ基地である八戸漁港を擁しており、加工施設および冷凍冷蔵施設の充実などを背景に発展を続け、常に全国上位の水準にあった。しかし、近年の国際的な漁業規制の強化、日本周辺海域における漁業資源の減少、漁業就業者の減少や高齢化、異常気象、燃油価格の高止まりなどで水産業を取り巻く環境は厳しい。

八戸市の市域面積は３０５・56㎢で、１９２９年に市制が施行された当時の人口は5万２０００人だった。だが、２００5年3月31日、南郷村との合併を経て、２０１９年10月１日現在、22万８６２２人を数える大都市へと発展を遂げた。

八戸市の夏は偏東風（ヤマセ）の影響を受け冷涼であり、冬は晴天が多く乾燥している。また、北東北にありながらも降雪量は少なく、日照時間が長いことも特徴である。八戸はスケートやアイスホッケーが盛んで、「氷都八戸」の異名を有する。

早くから、八戸周辺では縄文遺跡が出土するなど、人々が定住した歴史も古い。伝統芸能であるえんぶり（朳）、八戸三社大祭、および騎馬打毬はいずれも国の重要無形民俗文化財に指定され、伝統工芸品として八幡馬、八戸焼、南部姫毬などが、また、郷土料理には南部煎餅、八戸せんべい汁、いちご煮など、特産品として、市川いちご、糠塚きゅうりなどがある。

最近、筆者が八戸市立図書館を訪れた際に立ち寄った、県内随一の大きな市場や２００軒を超える飲み屋が並ぶ「横丁飲食街」もあり、街は活気に満ちて地元住民や観光客でにぎわっている。

ところで、八戸市の政治を象徴する言葉に、いわゆる「八戸戦争」や「八戸方式」がある。八戸戦争とは、市内の各種の選挙をめぐる住民の対立・紛争を指しており、いつ頃から市を二分する政争を展開したのかは、定かではない。ただ、１９２９年に八戸市が成立した当初には、すでに存在していたとの指摘もある。衆議院総選挙をはじめとして、参議院通常選挙、県知事選、市長選など、各種の選挙戦において、市内の様々な政治的思惑から権謀術数が巡らされ、住民の間で独自の政治的対立の感覚が形成されてきたのだ、と言われている。(1)

一方、八戸方式というのは、１９６５年11月７日に行われた市長選において、元県議の中村拓道が勝利した際の選挙戦術の一つであって、保守系勢力と革新系勢力が相乗りして挑む、広範な「市民戦線」の結集のことを指している。この党派を越えた選挙手法が一般に八戸方式と呼ばれるようになり、以後、県内各地の首長選挙で取り入れられるようになったのだ。(2)

2、「八戸戦争」

八戸市は元々城下街であり、古い歴史を有する。1191年に、甲斐の国の南部氏が北東北一帯を源頼朝から賜ったのが八戸の起源である、という。ただ、南部氏が実際に北東北に移ってきたのは南北朝の時代のことで、1334年、南部師行が根城を築き、根城南部氏（遠野南部氏）の祖となった。根城南部氏は1627年、三戸南部氏（盛岡南部氏）の命により遠野に居城を移した。転機となったのが1664年で、南部重直が世継ぎを決めずに亡くなった時だ。盛岡藩は家断絶の危機に直面。そこで、徳川幕府は南部藩10万石を八戸2万石と盛岡8万石とに二分、八戸南部の祖となる南部直房により八戸城が築かれ、これが八戸藩の始まりだ、といわれている(3)。

その後、八戸はイカ魚の水揚げで知られる港として、港湾とともに栄えてきた。八戸藩が誕生した頃には、八戸港は鮫村と呼ばれた一漁港に過ぎなかった。しかし、明治時代の1889年に八戸町となり、昭和に入り、1929年、八戸町、小中野町、湊町、および鮫村4町村合併により市制を施行したのである。

第二次世界大戦後の1961年、八戸市は新産業都市に指定され、臨海部には火力発電所、製紙業、非鉄金属工業など工場が相次いで進出し、工業港として整備が本格化した。現在では、八戸市は、青森県で唯一の工業地帯として発展を遂げ、県内の青森市や弘前市に比べて街も活気に満ちている[(4)]。

その一方で、様々な系譜や人間関係が絡み複雑である。それを反映するかのように、近年、八戸市は政治的には、〝浜通り（ハマ）〟と〝八戸城下（オカ）〟の対立とか、〝中央大資本対地元資本〟との対立に象徴される、各種の選挙をめぐる対立・紛争が激しい街となっている[(5)]。

こうした状況の中で、「八戸戦争」と称される青森3区での衆議院議員の議席をめぐる争いが生じた。その事例は、1996年10月に小選挙区比例代表並立制が導入される以前の、中選挙区制の時代にまで遡ることが出来る。例えば、1976年12月5日に実施された衆議院総選挙において、旧1区で八戸戦争が先鋭化した。自民党現職の熊谷義雄・衆議院議員に対して、無所属の新人で元県議の田名部匡省が挑戦者として出馬したのだ。熊谷は岩手県普代村出身であったので、八戸市内・階上町内では漁業者を中心に支持を集め、その支持者は〝浜通り〟と呼ばれる地域に多く居住していた。一方、田名部候補は八戸市内の旧市街地の票、建設業界内グループ票、名望家一族票を中心に集め、その地域は〝八戸城下〟と呼ばれていた。選挙の結果、熊谷が当選し、田名部は破れた。しかし、1979年10月7日に行われた衆議院総選挙では、熊谷と同じ自民党推薦を勝ち取った田名部が勝利し、熊谷は落選を余儀なくされた[(6)]。

熊谷は落選した後、県議の大島理森を後継者に指名して政界を引退、自民党の公認を得た大島は、1980年6月22日の衆議院総選挙に出馬した。この時、大島は敗退したものの、次の1983年12月18日の衆議院総選挙では初当選、以後12回連続当選を果たし、議席を死守している。

いわゆる「八戸戦争」の転機となったのは、小選挙区比例代表並列制に切り替わった、1996年10月

20日に行われた衆議院総選挙以降であろう。これまで、大島も田名部も共に連続して当選できた。何故なら、中選挙区時代は1区の定数は4名で、同じ自民党同士の争いであっても一緒に当選することが可能であったからだ。しかし、新しい選挙制度の下では、選挙区の定数は1名にすぎず、第1位にならねば当選が叶わなくなった。しかし、田名部の方は、自民党の下野に伴い党を離党し、新進党に所属した。そのため、政党同士の全面対決となった。この時の衆議院総選挙では、自民党公認の大島が勝利し、比例区との重複立候補を認められなかった新進党の田名部は落選。その後、田名部の方は、参議院議員に鞍替えし、「八戸戦争」に一応、決着がつけられたような形となった。[7]

しかしである。「八戸戦争」は決して収束してはいなかった。今度は、田名部の次女である匡代が父の後押しを受けて、2000年6月25日に実施された衆議院総選挙に出馬、自民党対民主党（現・国民民主党）との政党同士の戦いとなり、「八戸戦争」が再燃されたのである。ただ、衆議院総選挙では、6回にわたる大島と田名部との戦いにおいて、いずれも大島が勝利を収めた一方、田名部の方は全てで敗退を余儀なくされた。ただし、田名部の方は比例区で3回復活当選を果たしている。[8]

田名部は、大島との激しい衆議院総選挙に敗れて嫌気がさしたのであろうか。2016年7月10日に行われた、参議院通常選挙に鞍替えして出馬し、見事に自民党の現職の山崎力を抑えて勝利を手にした。

市長選レベルに目を転じると、1985年10月20日の市長選挙において、秋山皐二郎市長が「経験と実績」を主張、田名部・衆議院議員の支持を得た一方、対立候補の中里信男の方は「新しいリーダー」を唱えて秋山市長の高齢、多選、およびワンマン市政を鋭く批判した。中里は大島・衆議院議員の隠れた支持を得て混迷選挙に持ち込んだものの、自民党公認の秋山市長の力に一歩及ばなかった。[9]

２００１年10月28日に実施された市長選は、中里市長の勇退に伴うもので、中里市政の継続か刷新かが最大の焦点となり、告示前から保革勢力が激しい攻防を繰り広げた。実質的には、保守系自民党の中村寿文と金入明義との戦いとなった。中村は前年３月にいち早く出馬を表明し、県民協会長の田名部匡省・参議院議員の全面的支援を受けると共に、政党色を薄め〝市民派〟に徹した活動を進め、幅広く市民の理解を得た。県民協会系列の議員も支持基盤をかため、無党派層にも強く訴え、中村候補は父親（故・中村拓道）の代からの組織を活用し、初の親子二代市長に就任した。

これに対して、金入の方は大島・衆議院議員を中心として、事実上、自民党による党運営選挙で総力戦を展開した。前市長の中里市政の継承を掲げ、「地域問題に勝つためには、国、県との太いパイプは必要」と強調したものの、出馬の出遅れが響き約１万票の差をつけられて次点に終わった。[10]

次いで、２００５年10月30日に行われた八戸市長選挙では、新人で元総務省・財務調査官の小林眞が現職の中村寿文に３千票余の差をつけて初勝利。選挙戦では、自民党県連会長の大島・衆議院議員と、民主党県連代表の田名部・参議院議員による、「八戸戦争」の対立構図が鮮明となった。小林市長はその後、大島を後ろ盾に市長選で４連勝するなど、盤石な基盤を維持していた。[11]しかし、２０２１年10月の市長選では、小林は同じく自民党所属の元県会議長の熊谷雄一に敗れ、政界を引退した。今日現在でも、「八戸戦争」が終焉したか否かは定かでない。

3、「八戸方式」

　1965年11月7日、戦後7回目の八戸市長選が行われた。無所属新人で前県会議員の中村拓道が、4選をねらう現職市長の岩岡徳兵衛を破り初当選した。今回の市長選では、10月の告示以来、激しい選挙戦が展開された。だが、「市政刷新同盟」が支持する中村候補が盛り上がった人気をそのまま、着実に得票に結びつけ、4選を目指した岩岡市長に1万7千余票の大差をつけて破り、第12代八戸市長の栄冠を手にした。中村が4万7092票を獲得したのに対し、岩岡は3万0490票に留まった。投票率の方は激戦を反映して高く、72・53%を記録した。(12)

　事前に予定されていた市長選挙であったので、各党は早くから選挙対策を進めていた。8月2日、自民党所属の県会議員であった中村拓道が立候補を声明。中村が立候補したことで、社会党は党内からの立候補擁立を断念し、自民党市政の打破、岩岡4選阻止を名目に中村と政策協定を結び、幅広い「市民戦線」の結集に成功した。これが、いわゆる「八戸方式」といわれるもので、結果はこの方式の勝利に終わった。(13)

東奥日報は、中村拓道が勝利した背景を次のように解説している。

「結局、中村氏の当選は清風会、社会党、労組のチームワークの勝利、岩岡氏の金城湯池である三八城地区、自衛隊、下長、市川などを含む第一開票所の市役所でわずかに接戦したほか、いずれも点を開き、とくに現市政に不満をぶちまける小中野、湊、白銀地区は前評判どおり倍近い差で守り切ったこと、また労組が結集して共産党への票の流れを必死で食い止めたことが今度の楽勝に結びついた大きな原因とみられる」[14]。

今回の市長選は、〃選挙は水物〃という俗言が示すように、八戸市選挙史上に残る結果をもたらした。選挙結果の分析では、岩岡市政の「側近政治」への批判、4選への是非論、岩岡が3選出馬の時に4選不出馬を語っていたこと、そして何よりも〃市長在任16年は長い〃という市民の声が背景にあった。こうした状況を追い風にして、中村拓道は勝利を手にしたのである[15]。

なお、市長選が終了して間もない、およそ1ヵ月後の12月10日、惨敗を喫した前市長の岩岡が心不全で死去、享年65であった。あるいは、激しかった市長選での活動が命を縮めたのかもしれない。

要するに、「八戸方式」とは、一言でいえば、革新連合を目指す一種の〃市民運動〃であって、八戸市長選挙で勝利したのを嚆矢とする。その後県内においては、青森市長選や五所川原市長選など、各市の首長選挙でその方式が採用されてきた。青森県内で保守勢力が強力である自民党支配を打破するため、革新勢力側が勝利する新しい〃選挙戦術〃の手法の一つとして注目を集めたのだ。しかし、その全てが成功したとはいえず、各市長選では保守王国が堅持されているのが現状である[16]。

4、おわりに

前市長の小林眞は2005年10月、八戸市長に出馬して初当選し、それ以降2009年、2013年、および2017年と連続当選を重ね、4期目をこなした。「市民の幸福実現のため、あらゆる意味での目配りのきいた市政運営が重要」というのが小林の信念であり、衆議院議長である大島の覚えも悪くなかった。[17]

小林を支える市議会は定数32名で、自民党系が15名と多数を占めていた。議長は第一党の自由民主・市民クラブ所属で当選五期目の壬生八十博が、また副議長は公明党所属で当選四期目の夏坂修が務めていた。いわば「大島王国」は、八戸市選出の自民党県議、自民党市長、および自民党が多数派を占める市議会などで構成され、市内に網の目のように配置された後援会組織と相まって、組織は、ピラミッドのように盤石であった。

戦後八戸市では、9人の民選市長を輩出し、四代目の中村拓道を除けば、全て保守系の候補者で、それも自民党公認の候補者が市長の座を占有してきた。ただ、中村拓道の場合は、先に述べたように、保守系と革新系が市民連合を組んだ「八戸方式」で勝利し、その方式は他の市長選でも活用された。八戸市はこれまで青森県内はもとより、東北地方でも有数の工業地帯だといわれてきた。ただ、その割には労組の組織率は低く、しかも中小企業が多い。労働者意識も散漫で革新勢力は弱体である、という。

戦後の八戸市政を回顧すれば、それは一般に〝トンツー政治〟だと称され、短期（トン）と長期（ツー）の市政が交互に出現するなど、長期政権を築いた市長と短命に終わった市長とで繰り返す交代劇が見られた。確かに、戦後はそれに当てはまるケースが見られた。実際、岩岡徳兵衛市長は三期務めたものの、その後を継いだ中村拓道市長は一期のみで退陣したし、また、秋山皐二郎市長は五期、その直後の中里信男市長も三期務めたが、その後中村寿文市長は一期のみで退いている。詳細は、注(16)の拙稿を参照されたい。

近年の八戸市長選は、いわゆる「八戸戦争」の影響をもろに受けている、といってよい。既述のように、八戸戦争とは、市を二分する保守系同士の選挙争いで、近年では大島系と田名部系の争いが有名である。例えば、１９８５年市長選での、秋山皐二郎と中里信男との対決、２００１年市長選での、中村寿文と金入明義との対決、および２００５年市長選での小林眞と中村寿文との対決はいずれも八戸戦争の影響をもろに受けたケースである。その際、大島は中里、金入、および小林候補を強く支援してきた経緯がある。県レベルの選挙では、自民党対県民協会との対立が生じていたが、しかし市レベルの選挙では、依然として「八戸戦争」が展開されてきた、といえる[18]。

なお、２０２２年２月現在、八戸市長には、前年10月31日の市長選で現職の小林眞を破った元県議で議長も務めた熊谷雄一が就任している。後述するように、先の市長選では自民党は分裂を余儀なくされ、大

島・前衆議院議長の調整力が問われた。(19)

《注》

(1)『東奥年鑑　1999年版』（東奥日報社、1998年）、174頁、功刀俊洋「1946年の市長公選運動（2）」『行政社会論集』第8巻第3号（1990年2月）を参照。
(2)『新編　八戸市史　通史編Ⅲ　近現代』（八戸市、2014年）、396頁。
(3)「八戸藩」『青森県百科事典』（東奥日報社、1981年）、743頁。
(4)「八戸市」同上、738頁。
(5)朝日新聞青森支局編『風雪の人脈　第一部　政界編』（青森県コロニー協会出版部、1983年）、67頁、「義と情と理と――大島理森が駆けた時代」『デーリー東北』2022年4月10日。
(6)木村良一『検証　戦後青森県衆議院議員選挙』（北方新社、1989年）、196、212、215頁。田名部はアイスホッケーの名選手であり、1972年の札幌オリンピックで監督を務めた知名人だ。
(7)『デーリー東北』2014年11月22日。
(8)藤本一美『戦後青森県の保守・革新・中道勢力―青森県選出の国会議員』（志學社、2017年）、200頁。
(9)『東奥年鑑　1987年版』（東奥日報社、1986年）、172頁。
(10)『デーリー東北』2001年10月29日。
(11)同上、2005年10月31日。
(12)同上、1965年11月9日、戦後の八戸市長選について、詳細は藤本一美「第二部　戦後八戸市長選挙と歴代市長」『戦後青森県の市長選挙と歴代市長』（北方新社、2021年）を参照されたい。
(13)『東奥年鑑　昭和41年版』（東奥日報社、1966年）、41頁。東奥日報社の尾崎竹四郎記者は「八戸方式」について、次のように述べている。「（八戸）方式は選挙戦術として成功であるかも知れない。また革新系の勢力拡大には大きな貢献であろうが、中村、奈良岡氏らが本来成長してきた政治基盤であった健全保守的なものがチェックされていくことも否定できない。要するに、こうした（八戸）〝方式〟は革新の勝利と考えるよりも、有権者が新しい政治を待望する表現方式であって、広い意味での多党化的反映である（尾崎竹四郎「概観　青森県100年史」『東奥年鑑　1968年版』〔東奥日報社、1967年〕、15〜16頁、（）内は引用者）。

⒁『東奥日報』1965年11月8日。

⒂前掲書『新編　八戸市史　通史編Ⅲ　近現代』、397頁、『デーリー東北』1965年11月8日、『東奥年鑑　昭和41年版』〔東奥日報、1966年〕、41頁。

⒃藤本一美「八戸戦争と八戸方式」『戦後青森県の政治的争点　1945年〜2015年』〔志學社、2018年〕、292頁、藤本一美「戦後青森県の市長選挙と歴代市長②―戦後八戸市長選挙と歴代市長」『専修法学論集』第138号〔2020年3月〕、後に『戦後青森県の市長選挙と歴代市長』〔北方新社、2021年〕に収録。

⒄同上「戦後青森県の市長選挙と歴代市長②」『専修法学論集』第138号を参照。

⒅同上。

⒆「大島氏　引退表明　求心力絶大　県政界衝撃」『デーリー東北』2021年8月13日。

第三章　若き日の大島理森

慶応大学図書館（三田キャンパス）

写真：筆者撮影

1、はじめに

すでに紹介したように、大島理森は青森県会議員を六期務め議長に就任した大島勇太朗とツル夫妻の6男で、戦後の1946年9月6日、青森県の八戸市尻内町に生まれた。生家は裕福で大きな農業を営んでいた、という。理森は、地元の八戸市立三条小学校、八戸市立三条中学校、県立八戸高等学校を経て、慶應義塾大学法学部法律学科を卒業し、その後、毎日新聞社広告局に勤務した。

本章では、若き日の理森を論じる。理森は、どのような家庭に育ち、青年時代に何を考え、いかに行動してきたのであろうか？　若き時代の理森の言動を振り返ることを通じて、政治家・理森の「原点（プロトタイプ）」を探ってみたい。

論述は最初に、理森の家庭環境について触れる。具体的には、父勇太朗の政治家としての活動を辿る。その上で、理森の三条小学校、三条中学校、八戸高校、および慶応義塾大学法学部時代の行動を紹介し、次いで、大学を卒業後勤務した毎日新聞社時代の思い出を、そして最後に、県会議員時代の理森について論じたい。

2、大島家

大島家は上長苗代村地域を代表する、いわゆる「名望家」であった。理森は、ある雑誌の対談の中で「議長が育った頃の大島家はどういった具合だったでしょうか」と問われ、父親の勇太朗と自身の家庭について、次のように述懐している。

「父は寡黙でしてね。わが家はその地域では大きい農家でございまして、父は農業団体の長もやりましたが、家ではあまり喋らない。政治をやっている家ですから、絶えず誰かが来ていました。今のように事務所を構えてという時代ではございませんので、食事をしたり、あるいはお酒を飲んだり。わが家であってわが家でないというところがございました。私は、そういう環境が嫌でしてね。サラリーマンのお家が、家族だけでおられるというのが非常に羨ましかったですね。県庁は青森ですし、昔の県会議員さんは青森に行くと、今のように新幹線があるわけではないので、なかなか帰ってこないわけです。家に父がいる時には誰かが来てわいわいやっている。食事をする所も父は別なような感じですから、父と話したのは大学になってからじゃないですかね(1)」。

〈図表①〉県会議員選における大島勇太朗の得票数と所属政党

年　　度	得票数（順位）	政党
1930年４月の県議補欠選〈三戸郡〉	5,177票（第一位）	民政党
1935年９月の県議選　　々	2,138票（第二位）	々
1951年４月の県議選　　々	6,329票（第一位）	無所属
1955年４月の県議選　　々	5,574票（第二位）	民主党
1959年４月の県議選　〈八戸市〉	8,702票（第三位）	自民党
1963年４月の県議選　　々	8,472票（第六位）	々
（平均得票数）	6,065票	

出典：「選挙の記録」『青森県選挙管理委員会』
https://www.pref.aomori.lg.jp/soshiki/senkan

それでは、父親の勇太朗は政治家として、どのような人生を歩んだのであろうか。簡単に振りかえっておきたい。勇太朗は１９００年１月25日、上長苗代村（現・八戸市）に生まれた。県立八戸中学卒業後、早稲田大学に入学したが途中で中退し、家業の農業に専念した。

勇太朗は若くして政治の道に入っている。事実、１９２９年、29歳で上長苗代村議に当選し、１９３０年には、県会議員選に転じて初当選した。だが、二期目の１９３６年10月、山内亨派の選挙違反に連座して県議を失格、戦前には、県会議員選には出馬しなかった。[2]

勇太朗は戦後の１９５１年に県議に復帰し、これを１９６７年まで通算すると六期務めた。この間、四期目の１９５５年5月には、県議会議長に就任している。また、自民党県連総務会長などを歴任、１９６７年の県議選で落選し政界を引退した。[3] 図表①は、勇太朗が県議選で獲得した票と所属会派を示したものである。当初、三戸郡選出であったが、その後、八戸市に選挙区が変更されたが当選を重ねてきた。平均得票は６０６５票を数え、会派は民政党、無所属、および民主党を経て、自民党に所属した。派閥は三木武夫派である。

勇太朗は単に政治の世界だけではなく、林業や治山に尽力したことでも著名で、県治山林道会長や県農協中央会会長などに就任するなど、仕事の面で面倒見のよい人柄で多くの人望を得ていた、という。政界引退後の１９７４年に死去、享年75であった。当然のことながら、理森も政治家としての勇太朗から少なからず薫陶を受けたものと思われる。(4)

3、学生時代

大島理森は1952年4月、地元の八戸市立三条小学校に入学し、八戸市立三条中学校を経て、名門県立八戸高等学校で学んだ。三条小学校時代に、大好きな野球部に入部したものの、残念ながら正選手になれなかったようだ。三条中学時代には、教師の勧めで弁論に励み、市内の弁論大会で4位になった。田んぼの中で大きな声を出し練習をしていた、という。また、軟式テニス部にも所属し、3年生の時には、県大会でダブルス第3位の栄光に輝いている。

高校は県立八戸高校に進学した。八戸高校は県内でも、青森高校、弘前高校と並ぶ屈指の進学校として知られている。南部地方の優秀な学生が集まる高校として著名人を多く輩出してきた有名校だ。大島は中学時代の成績が良かったのであろう。

八戸高校に入学した大島は、応援団に入り副団長を務めた。ただ、進学校であったので、運動部への応援は認められず、教師と言い争いになったこともある。八戸高校の卒業生は東北大学への進学者が多かった。だが、兄と姉が東京の私大に進学していたので、早稲田大学か慶応義塾大学に入学したいと考えていた。早稲田大学の方は滑り、慶応義塾大学法学部法律学科に受かり、１９６５年４月、慶応大学に入学している。[5]

大島が志望したのは、法学部の政治学科だった。しかし、合格したのは法律学科の方である。晴れて慶応義塾大学に入学した大島は、当時の自由あふれる大学生活を十分に満喫したようである。

実際、大島は大学時代の生活を振り返り、「全国から学生が集まっているので、八戸にいた頃とはまったく雰囲気が違いました。大学では授業料値上げをめぐる紛争があり、前年にアメリカが介入したベトナム戦争への関心も高かった。アメリカについては憧れもありました。いったいどういう国なのか、それを知りたくてアメリカ文化研究会に入ったのです」と、吐露している。

この研究会では政治パートに所属し、仲間と議論を重ねた。大島は当時のことを「難しい議論を交わすだけではなく、遊びに行く相談もしましたね。音楽を一緒にやったり、三田祭に模擬店を出したり。いずれも楽しい思い出です」、と語っている。[6]

毎日新聞社
写真：筆者撮影

慶応ボーイとして東京で青春を謳歌していた大島にとって、将来を真剣に考える場面が突然やってきた。それは大学３年生で21歳になった１９６７年４月15日のことで、父親の勇太朗が県会議員選で７回目の当選を目指していたが、落選してしまったのである。[7]

そこで、理森はこのままの生活態度ではいけないと反省し、大学の図書館で法律の専門書を読みこみ、司法試験に挑戦してみようと考えた。だが、結果的にそれを諦め、１年留年して、毎日新聞社を受けて採用され、

1970年4月、広告局に配属となった。

4、毎日新聞社時代

大島は後年、衆議院議員となってから、毎日新聞社に入社した経緯を「われわれの時代はちょうど全共闘とベトナム戦争の時代、団塊の世代の一番最初の時代です。激動の時代でしたが、学生時代には遊んでばかりでいましたので、少し真面目に勉強したいと考えまして、それで新聞社に入ったというところもありました。私は広告局に入ったんですが、毎日新聞は当時、経済と外信が強いという評判で、先輩にスター的な記者が大勢いました。それから、中庸を行く新聞だと感じていましたね」と、語っている。(8)

大島は、社会と関わりたいという思いで新聞社を選び、毎日新聞社の広告局に勤務したが、新聞社時代の活動を次のように振りかえる。

「普通の新聞ではだんだん弱くなっていくのではないか、ということでコミュニティー新聞を作ろうという方針になりましてね。東京は大都会で、読者はそれにふさわしい記事を求めるわけですが、地域コミュニティーに合わせた30万部くらいの週刊新聞を地域区画を決めて作ろうということになったわけです。ちょうど量販店が郊外にどんどん出て来た時代で、それと協力してできないかと。編集、広告局、あるいは部外から人が集められた中に私も入って、全く新しい仕事を2年目からさせられました」[9]。

大島は毎日新聞社には、1970年4月から1974年9月まで4年5ヵ月間在籍した。毎日新聞社を退社した理由について、「まさに時代の変わり目の中で、やはり父と同じ政治家を志したいと思い、75年の青森県議選出馬を決意したのです」、と語っている[10]。

政治家に転出することは大島本人の希望であったものの、直接的には父の勇太朗が1974年4月に急死したことが大きい。大島自身は「父の影響もあるとは思います。政治の世界に生まれ育って染み付いた感覚として、世の中の動きに直接コミットしていきたいという思いが徐々に出てまいりました」、と吐露している。

大島はまた、選挙に初めて出馬した経緯について、「それで1975年が統一地方選だったんですが、前年の2月に休暇を取って父のところへ行きまして、父に〝来年4月の選挙に出たい〟と言いました。10年近く地元にいなかったわけですから、無謀ですよね。父は〝4月になったら結論を出そう〟と言いました。どこか私に期待していたところがあったのかもしれません。ところが4月のはじめにぽっくり亡くなっちゃったんです」と、思い出している[11]。

5、県会議員時代

大島は、青森県議会選挙に出馬する決意をした。しかし、残された家族の中で母や兄たちは理森の選挙出馬に大反対だった、という。この辺の事情については、「母からは〝毎日新聞に尽くすことがおまえの使命。会社に戻りなさい〟といわれたが、もう辞表を出したので戻れるはずもない。しかし、政治というものは人間関係が大きい。父や叔父の支援者が底流で応援してくれました」と、説明している。(12)

大島が政治家としてスタートしたのは、正しく県議会議員からである。父の勇太朗も県会議員を長らく務め、最後は議長にまで就任した。だから、選挙に出るための看板、基盤はある程度揃っており、父の時代からの支援者も健在で政治資金の調達も難しくなかった。

こうして大島は、毎日新聞社を１９７４年９月30日に退社し、父の後を継ぐ形で翌１９７５年４月13日に行われた県議会議員選に八戸市選挙区から無所属で立候補し、１万１１８２票獲得して第２位で当選した。弱冠28歳の時で、県内では最年少県議であった。続いて、４年後の１９７９年４月８日に行われた県会議員選に、今度は自民党公認で立候補し、１万１９７６票を得て第４位で再選された。

大島は、1975年4月13日に行われた青森県議会議員選に八戸市選挙区から無所属で立候補して初当選した時の様子を、次のように述懐している。

まず、「私は最初に県議選に挑戦する時は〝なぜ青森県がもう少し頑張れないのだろうか、頑張っていかなきゃならん〟という強い思いがございました。それからもうひとつ、当時は何となく〝革新勢力〟がどんどん日本中に広がっていて、生意気ですけど〝自民党の在り方を少し変えなくてはならないんじゃないか〟と主張していました。〝自民党はもっと国民との対話が必要であろう〟」と指摘。

その上で、「こんなことを28歳の初めての選挙の時に、演説をぶって歩いていました。〝28歳の新人が演説で一体何を言うんだ?〟という興味もあったんでしょうね。10人のうち2番目で当選させていただきました。それで地方議会に入っていろいろな先生の名前を聞いたり、政策を拝見したりしました」、と結んでいる。[13]

地元紙のデーリー東北は、大島が初当選した時の様子を、「新人で弱冠28歳の大島理森(無所属)が堂々と2位で食い込み、初陣を飾ったのは見事というほかなかった」、と報道しており、また、理森の実兄である良助は県会議員選での勝因を「父勇太朗の支持者を大事にしたこと、父の選挙方法を一変させる作戦がうまくミックスできた。最初は当選の予想もできなかったが、支持者が確信めいたことをいうので、あるいは、と思っていた。告示の日からムードを十分出し切れた理森に投票したのは、父の支持者と若い女性が多いのではないかと思う」と、述懐している。[14]

上で述べたように、大島は4年後の1979年4月8日に行われた県会議員選において、1万1976票を獲得して、第4位で再選された。32歳の時である。デーリー東北は大島の再選について、「大島理森

は二期目にして、しっかりとした地位を築いた。農業票を中心に手堅い票に加え、浮動票もあったもよう」、だと報じた。(15)

6、おわりに

大島は、政治家の家庭に育ったので、一般の人びととは異なり、政治家となるために必要な三つの条件、つまり「看板、基盤、および資金」は最初からそろっていたし、政治家の仕事とはどのようなものかをある程度認識していたはずである。大島は政治に元々興味があったので、大学は法学部に進み、就職先は毎日新聞社を選び、サラリーマンとして社会勉強もしたのであろう。大島のように、マスメディア出身者が議員に転じるケースはそれほど珍しいことではない。例えば、青森旧2区選出で長年衆議院議員を務めた竹内黎一も毎日新聞社の記者から、父の後を継いで、衆議院議員選に出馬して長期にわたり議席を維持している。

ただ、一介のサラリーマンから政治家に転出して当選することは必ずしも容易なことではないはずだ。事実、帰郷の折に理森が県会議員に出馬したいと、父親に相談したところ、県議生活が長かった勇太朗から「選挙はお前が考えているほど、そんなに甘くはないぞ」、と諭された経緯がある。[16]

その後、大島は県会議員を経て、衆議院議員に転じて勝利を収め、連続12回の当選を果たした。国会の野党対策では、「49％を相手に譲り、51％勝って国会審議を前に進める」というのが大島の持論だそうである。義理人情を大切にする政治交渉術を得意とし、永田町では「握りの大島」という異名を持つ[17]。だが、若き日の大島を眺めた限りでは、そのような様子は微塵も感じられない。恐らく、県議会議員二期を経た上で、衆議院議員十二期と当選を重ねる中で、与野党が激突する永田町における国会での与野党の交渉過程で自然と身についた〝習性〟なのかもしれない。

《注》

(1)「[対談]「公」を生きる史上初の戦後生まれの衆議院議長が語る政治家としての本音―大島理森氏（衆議院議長）」『経済界』２０１６年５月19日号、84～85頁。
(2)『青森県人名事典』（東奥日報社、２００２年）、95頁。
(3)「県正副議長誕生の瞬間―野党の策戦奏功す」『デーリー東北』１９５５年５月14日。
(4)『青森県議会史　自昭和16年～至昭和20年』（青森県議会、１９７４年）、９３５頁。
(5)『MORY　EXPRESS』（大島理森後援会、１９９７年）。
(6)「慶応大学と私―大島理森・衆議院議長」『週刊東洋経済』２０１９年４月６日号、１１３頁。
(7) 藤本一美『戦後青森県議会議員選挙と正副議長』（北方新社、２０１９年）、46頁。
(8) 前掲書「[対談]「公」を生きる史上初の戦後生まれの衆議院議長が語る政治家としての本音―大島理森氏（衆議院議長）」『経済界』２０１６年５月19日号、86～87頁、大島は記者としてではなく、営業畑で活躍したのだ。
(9) 同上、後年大島は「新聞には、物事を深く、多面的に捉えた上でそこにある〝本質〟を伝える機能があります」と新聞の役割を語っている（「本質を伝える役割を期待―創刊１５０年―毎日新聞に望む⑤」『毎日新聞』２０２２年２月15日）。
(10) 前掲書「慶応大学と私―大島理森・衆議院議長」『週刊東洋経済』２０１９年４月６日号、１１３頁。
(11) 前掲書「[対談]「公」を生きる史上初の戦後生まれの衆議院議長が語る政治家としての本音―大島理森氏（衆議

院議長)」『経済界』2016年5月19日号、87頁。ちなみに、大島は「後になって父と親しい人から『意中の後継者はあなただったようです』、と聞きました」と、思い出している(朝日新聞青森支局編『風雪の人脈　第一部　政界編』〔青森県コロニー協会出版部、1983年〕、65頁)。

(12)　前掲書「慶応大学と私―大島理森・衆議院議長」『週刊東洋経済』2019年4月6日号、113頁。大島は、「物心両面で支援してくれる人がいて、初めて政治家があることを痛切に感じた」、と述べている(「虎視眈々―情で人脈　国会改革仕掛け人」『朝日新聞』1999年11月23日)。「情」を尽くすことこそが政治と、思い定めた(大島の)原点である(同上)。

(13)　前掲書「[対談]「公」を生きる史上初の戦後生まれの衆議院議長が語る政治家としての本音―大島理森氏(衆議院議長)」『経済界』(2016年6月7日号)、89頁。

(14)　「見事初陣飾り胴上げ―八戸・大島さん」『デーリー東北』1975年4月14日。

(15)　「自民、七位まで独占―八戸市」同上、1979年4月9日。

(16)　前掲書『風雪の人脈　第一部　政界編』、65頁。理森は勇太朗が46歳の時の息子だ。両親は孫のような理森をかわいがったであろう。「親があって選挙ができたのは確かだが、『父の遺志を継いで』とは一言も言ったことがない。父は何も語らなかったが、『お前の力で道を切り開け』と伝えたかったのではないか」。こう語る理森は、国政への夢を果たせぬまま逝った勇太朗氏を、ある意味では反面教師とする一方で、「政治家の仕事はなすべきことをなすことだ」という政治信条を無言で教えてくれた人生の師ととらえている(「親を語る　政治信条を無言で教えてくれた志」『産経新聞』2000年10月16日)。

(17)　「〈きょうの人〉―大島理森さん(68)　衆院議長に大島氏　国対は義理人情の「握りの大島」」『産経新聞』2015年4月22日。大島はいう。「国会というところは野党が最も働かなければならない場所です。だから、7割を野党に譲るという大きな寛容性で信頼関係を築かなければいけません。これは政治運営上の根本です(大島理森「3党協議には国益を考慮して参加した」長野祐也編『日本が動く時―政界キーパーソンに聞く　Part12』〔ぎょうせい、2012年11月〕、161頁)。

第四章　衆議院総選挙：大島理森

衆議院総選挙で戦う大島理森

出典：『東奥日報』2000年６月26日

1、はじめに

大島理森は、1980年6月22日に実施された「衆参同日選挙」に、青森旧1区（定数4）から自民党公認で衆議院総選挙に初出馬した。しかし、6万3958票に留まり、残念ながら次点で勝利を逃がした。第4位で当選した自民党の津島雄二（6万9380票）との差は5422票差に過ぎず惜敗であった。だが、3年半後の1983年12月18日の衆議院総選挙では、再び自民党の公認を得て出馬、大島は9万8275票を獲得し、津島を制してトップ当選を果たした。大島37歳の時である。以後、12回連続当選して、衆議院議員の議席を維持してきた。

本章では、大島が挑戦した都合13回に及ぶ衆議院総選挙の結果とその背景を分析する。大島は、13回にわたる衆議院総選挙を戦いぬき、敗れたのは初出馬の時のみで残りの12回はすべて勝利を収め12勝1敗の成績を誇り、しかも連続当選を達成した。その間、大島は厳しい「八戸戦争」の渦中で田名部匡省・匡代親子を抑えて議席をいかにして死守してきたのであろうか。その一端を紹介する。

2、「中選挙区制」時代

⑴１９８０年の衆議院総選挙

史上初の「衆参同日選挙」は１９８０年6月22日に行われ、衆議院総選挙に、大島は青森旧1区から自民党公認で出馬した。当時、選挙制度は「中選挙区制」を採用しており、１区の定員は４であった。選挙結果は、自民党の竹中修一、田名部匡省、および津島雄二で３議席、社会党の関晴正が１議席獲得した。大島は６万３９５８票獲得したものの、同じ自民党公認の現職である津島雄二（６万９３８０票）に５４２２票の差をつけられ、次点で落選を余儀なくされた。投票率は、71・60％であった。[1]

敷衍すれば、今回の衆議院総選挙では、大島が自民党4議席独占のカギを握っており、大善戦であった。ただ、選挙戦は短期決戦だったため、大島は郡部への浸透がもう一歩及ばず、次点で泣いた。しかし、八戸市内では元衆議院議員の熊谷義雄の得票を上回る3万5千票を獲得するなど、次回の総選挙に大きな期待をつないだ。政局が不安定であり、早期解散が十分予想される中で、６万３千余票を獲得した事実は、次回の衆議院総選挙では、現職の衆議院議員にとって最も脅威となる存在になるものと思われた。[2]

大島の初めての衆議院総選挙での戦いぶりを、地元紙のデーリー東北は次のように報道している。

「善戦むなしく次点に終わった大島候補は終始笑顔を絶やさず〝無名の新人をここまで盛り上げてくれたことに感謝します。本当の戦いはこれからです。あすから新しい政治活動をスタートさせます〟とあいさつすると、事務所に詰めかけた約150人の支持者から〝そうだ〟という掛け声とともに大きな拍手がわき上った。最後に〝エイ エイ オー〟の勝どきをあげて、締めくくったほどで、初戦に敗れたものの、次回への大きな希望を膨らませた明るさが事務所に満ちていた[(3)]」。

一方、青森市に本社がある東奥日報は衆議院総選挙での大島の初めての戦いぶりを、次のように報道している。

「〝さわやかさの33歳〟を売り込んだ自民党新人の大島は地元八戸で前回の熊谷票を7千票余り上回る3万5千票台を得票して田名部に肉薄、上北、三戸郡下でも熊谷票を大きく伸ばし、一区の台風の目ぶりを発揮したが、三八、上北以外では知名度の低さが禍いして次点で涙をのんだ。特に、東郡、下北郡などで従来の熊谷支持者の間に、大島の若さに対する危惧感があり、熊谷票をまとめ切れなかったこと、終盤、八戸市で田名部陣営の猛烈な切り込みにあったことで得票の伸びが止まった。しかし、33歳の初出馬で次点に食い込んだことは将来の成長株として期待を持たせるのに十分な戦いであった[(4)]」。

なお、八戸市内の結果は、大島が3万5136票を獲得したのに対して、田名部は3万7037票獲得しており、今回は、1901票差で田名部が大島を制した形となった。

大島は、初めて衆議院総選挙に出馬するにあたり、『選挙公報』の中で次の点を訴えている。最初に、〃活力ある清新な政治をめざして〃と謳い、その上で、政治のあり方について、①政治家倫理の確立、②政党倫理の確立の二点を指摘。次いで「ふるさと青森県創り」のためとして、①豊かな郷土〈地域開発と産業振興〉、②豊かな地域、③心豊かな社会、を提唱。最後に、〈私の基本政策目標〉として5つの項目を示している。ただ、内容は極めて総花的で、文章も整理されていたとはいえない(5)。

〈図表①〉1980年衆議院総選挙の開票結果　青森一区

結果	氏名（年齢）	得票数	政党
当選	竹中　修一　（62歳）	84,684票	自・前
当選	田名部匡省　（45歳）	79,873票	自・前
当選	関　晴正　（56歳）	77,580票	社・前
当選	津島　雄二　（50歳）	69,380票	自・前
次点	**大島　理森　（33歳）**	**63,958票**	**自・新**
	古寺　宏　（55歳）	59,735票	公・元
	中村　寿文　（40歳）	26,810票	無・新
	加福　重治　（40歳）	12,531票	共・新

出典：『青森県選挙管理委員会』
https://www.pref.aomori.lg.jp/soshiki/senkan

〈図表②〉大島理森の都市別得票数

都市名	得票数
青森市	2,612票
八戸市	**35,136票**
十和田市	1,428票
三沢市	2,229票
むつ市	1,125票
東郡	1,197票
上北郡	5,826票
下北郡	1,798票
三戸郡	12,607票

出典：『青森県選挙管理委員会』
https://www.pref.aomori.lg.jp/soshiki/senkan

(2) 1983年の衆議院総選挙

衆議院は1983年11月28日に解散され、年末に総選挙が行われることになり、12月18日に投開票を実施した。開票の結果、1区では、自民党・大島理森（9万8275票）がトップ、自民党・津島雄二（9万6478票）、社会党・関晴正（9万2083票）、および自民党・田名部匡省（8万1503票）の順で当選、自民党・竹中修一（7万6609票）が次点で涙を飲んだ。また共産党・沢谷忠則（1万3768票）も落選した。1区の投票率は、66・03％に留まり、前回に比べて5・57ポイント下がった。[6]

詳述すれば、第37回衆議院総選挙の結果、1区では、自民党の大島、津島、田名部、社会党の関の4人が当選。選挙戦では、田中判決をめぐり「政治倫理」が最大の争点となった。そのあおりを食った形で、ロッキード事件で田中派に所属する現職の竹中修一が落選の憂き目をみた一方、〝クリーン三木〟を継承する河本派の自民党新人の大島は最高得票を得て当選、前回より3万4317票増した。[7]

デーリー東北は衆議総選挙での大島初勝利を、「大島氏は37歳の若さをキャッチフレーズに、各市町村でまんべんなく票を上積み、前回の次点から一躍トップに躍り出た。3年半にわたる地道な拠点づくりが成功、公明、民社など中道支持層、無党派層をまとめ、ムードに乗った」、と報じている。[8]

一方、東奥日報は大島の勝因を次のように分析している。

「新人大島が政治倫理の確立を叫び二度目の挑戦で見事トップ当選、金的を射止めた。前回5千票で涙をのんだ大島は、主力地盤の八戸市で根強い勢力を張る旧熊谷系のほか、地盤を割って前回争った中村寿文県議と提携。鉄工業界をはじめ地元企業、八戸の水産加工関連を固めて〝八戸から二人目の代議士〟を訴え、浮動票のほか公明票を取り込み一気に大島ムードを盛り上げ、見事、国政の場に躍り出た。……手アカにまみれない若い政治家と訴えて、青年・婦人層の支持を取り付けた」[9]。

ちなみに、青森中央学院教授で政治学者の木村良一は、大島の勝利をマスコミが予測できなかったと批判した上で、大島の勝因を次のように分析している。

「大島のトップ当選は、どの報道機関も予測していなかった。本県史上最高の9万8千台に乗せた。大島が強かったというのは、〝クリーン三木〟の河本派に属していたとか37歳の若さということだけではない。地盤がしっかりしていたのに他の要素がプラス・アルファーとなったのである。次頁のグラフに見られるように、大島の地盤は熊谷義雄元代議士の地盤をすっぽりと継承している。ここに大島の強さがある」[10]。

衆議院総選挙でトップ当選を果たした大島は、選挙事務所で「後援会、支持者が支えてくれた。政治に対する不満、しっかりした政治をさせようとする有権者の声だ。私は地方をどうするかを基本に訴えてきたが、その意味で地方を生かして政治、政策を進めたい」と、抱負を語った[11]。

注目された八戸市内では、大島が1万3504票増の4万8640票を獲得したのに対し、田名部は3万7494票に留まり、今回は大島が1万1146票の大差で田名部を制した。

大島が初当選した時の選挙公報の公約を紹介すると、最初に、〝あなたの声を、きっと政治の場でいかします〟と謳えており、その上で、政治スローガンとして次の5点を提案している。すなわち、①清新で活力ある政治、②人間を大事にする政治、③地域の個性を生かす政治、④世界につながる政治、⑤21世紀につながる政治。前回の選挙公約と比較するなら、内容が整理されて具体的で分かりやすくなっている。新しい選挙公約も初勝利に貢献したのかもしれない[12]。

〈図表①〉1983年衆議院総選挙の開票結果　青森一区

結果	氏名（年齢）	得票数	政党
当選	**大島　理森　（37歳）**	**98,275票**	**自・新**
当選	津島　雄二　（53歳）	96,478票	自・前
当選	関　　晴正　（60歳）	92,083票	社・前
当選	田名部匡省　（49歳）	81,503票	自・前
次点	竹中　修一　（65歳）	76,609票	自・前
	沢谷　忠則　（51歳）	13,768票	共・新

出典：『青森県選挙管理委員会』
https://www.pref.aomori.lg.jp/soshiki/senkan

〈図表②〉大島理森の都市別得票数

都市名	得票数
青森市	3,849票
八戸市	**48,640票**
十和田市	6,299票
三沢市	3,837票
むつ市	2,119票
東郡	1,066票
上北郡	12,071票
下北郡	2,070票
三戸郡	18,324票

出典：『青森県選挙管理委員会』
https://www.pref.aomori.lg.jp/soshiki/senkan

(3) 1986年の衆議院総選挙

1980年代後半の政治的動向を決定する衆議院総選挙と参議院通常選挙が、1986年7月6日の同じ日に実施され、6年ぶりに史上2回目の「衆参同日選挙」となった。開票の結果、第1区では、獲得票数で、自民党・竹中修一（10万1717票）、自民党・大島理森（10万0653票）、自民党・津島雄二（10万0385票）、および自民党・田名部匡省（9万6725票）の順で当選し、自民党が全議席を独占した。投票率は、72・03%であった。[13]

敷衍するなら「衆参同日選挙」は7月6日に行われ、青森県の結果は、衆議院では1区および2区ともに、自民党が7議席を独占。同日選挙が功奏したのか、投票率も高まり青森県全体では74・35%で、1区では当選者上位3人までが10万票台に乗った。

1区では、自民党の竹中は起伏2年半にわたる地道な活動が実を結び、トップで国政復帰を果たした。すなわち、主力地盤である青森市での復活熱が比較的弱いとされた上北、十和田市、下北でも連鎖反応し、また八戸市では大島陣営の乱れに乗じて票を伸ばした。大島は八戸市で、竹中や田名部の巻き返しに遭遇するなど、下北、十和田市、および上北でも自民党候補のせめぎ合いで苦戦。だが大島は、選挙戦後半に入り組織の修復を図り、高い投票率に支えられて票を伸ばした。津島は、青森市で竹中に遅れをとったものの、草刈場の上十三で他の候補を寄せつけず、東郡や下北では多くの市町村を制した。田名部は早々に態勢を固め、八戸市で徹底した攻めの選挙に徹し、郵政政務次官の肩書を活用して、郵政系組織を制した。それに対して、社会党の関は、党組織力の分散と戦術の誤算から6年1ヵ月にわたり維持してきた、社会党唯一の議席を失うはめとなった。[14]

前回トップで当選した大島は、二期目のジンクスに挑戦、序盤は八戸市長選などの内部事情から苦戦となったものの、終盤に入り若さと行動力で盛り返し前回比で2378票増した。[15]

大島勝利＝再選の背景を、東奥日報は次のように報道している。

「前回トップ当選の大島は、八戸で田名部の巻き返しに遭い、下北、十和田、上北の郡部でも自民党先輩三候補のせめぎ合いの中で苦戦を強いられた。最大の要因は、ひざ元の八戸で市長選をめぐって陣営内で足並みが乱れたことにある。選挙戦に入ってから中里県議支持グループとの間で修復が成り、票をさらに伸ばした。三戸郡では反田名部派をまとめた。潜在的に支持層が厚い婦人、青年層ら浮動票絡みの支持者が足を運んだため、高い投票率に支えられた[16]」。

再選された大島は、選挙事務所で「苦しい厳しい戦いと言われた中で勝利できたのは皆さまのおかげ。新幹線問題は今年、八戸駅舎建設に着手されるが、建設国債方式で本格着工に全力を尽くす。漁業振興はマリノベーション基軸に取り組む」と、語った[17]。

肝心の八戸市の結果は、大島が3555票増で5万2195票を獲得したのに対し、田名部は4万6366票に留まり、大島が5829の票差をつけて、再び田名部を制した。

三度目となった大島の選挙公報の公約は明快で分かりやすく、随所に工夫が施されている。すなわち、全体の謳い文句は、〝あざやかに、逞しく、今〟であり、三つのスローガンの中で、①清新で活力ある政治、②真に豊かさ創る政治、③世界のひろがる政治を主張。その上で、「国際的立場で豊かなふるさとと青森県にもたらしたい」、「未来だけでなく切実な現実の問題解決に全力を注ぎたい」、「若さあふれる逞しき行動で皆様の期待にきっと応えます」、と〝青森県の〟を連呼。最後に、国立の工科大学の設置運動を進めたいと述べるなど、「工業都市」八戸市の将来に配慮を示している[18]。

⑷１９９０年の衆議院総選挙

第39回衆議院総選挙は１９９０年2月18日に行われ、消費税の存続や核燃サイクルの是非などが最大の争点となった。青森県では、１区および2区とも反自民の追い風に乗る社会党が議席を奪回、前回１９８6年に構築した自民党の「独占体制」は3年半で崩壊。当選者は、１区で、前回次点となった社会党・関晴正（16万１５７９票）がトップで返り咲き、続いて、自民党・田名部匡省（10万６９４６票）、自民党・津島雄二（８万８３２８票）、および自民党・大島理森（８万４３０２票）の順で議席を死守した。

〈図表①〉1986年衆議院総選挙の開票結果　青森一区

結果	氏名（年齢）	得票数	政党
当選	竹中　修一　（68歳）	101,717票	自・元
当選	**大島　理森　（39歳）**	**100,653票**	**自・前**
当選	津島　雄二　（56歳）	100,385票	自・前
当選	田名部匡省　（51歳）	96,725票	自・前
次点	関　　晴正　（62歳）	84,073票	社・前
	沢谷　忠則　（54歳）	14,972票	共・新

出典：『青森県選挙管理委員会』
https://www.pref.aomori.lg.jp/soshiki/senkan

〈図表②〉大島理森の都市別得票数

都市名	得票数
青森市	2,674票
八戸市	**52,195票**
十和田市	6,140票
三沢市	3,790票
むつ市	1,899票
東郡	751票
上北郡	11,780票
下北郡	1,971票
三戸郡	19,453票

出典：『青森県選挙管理委員会』
https://www.pref.aomori.lg.jp/soshiki/senkan

自民党の竹中修一（6万9803票）は次点で泣き、六期目の当選に届かなかった。投票率は73・64％であった。[19]

より詳しく述べれば、少数激戦となった青森1区は、前回、次点であった関（社・元）が反自民の追い風や反核燃ムードに乗って万遍なく集票、過去最高の16万余の得票を得てトップ当選で返り咲いた。田名部（自・前）は、底堅い支持票に支えられ、八戸市でも大島に1万票の水をあけたほか、青森市や下北などで新しい地盤を開拓し、五期目の当選を果たした。津島（自・前）は有力支持者の離反が伝えられただが、天王山の青森市で市議選とのダブル効果が手伝って六期目の勝利を飾った。ただ、前回に比べて、1万票ほど減らした。

こうした中で、大島は若者層や婦人層の支持を集め最下位ながら三期目の当選を手にした。主力地盤の八戸市や三戸郡のほか上十三地域などでも票を減らし、1万6351票の減で辛うじて最下位で滑り込んだ。竹中（自・前）は〝県都決戦〟で関、津島の攻撃に遭い、懸命の防戦に努めたものの、一歩及ばず。念願の六選とはならなかった。富樫秀雄（共・新）は1万4千以上の得票を確保した。[20]

大島陣営の選対本部長を務めた尾崎源五郎は、選挙戦で「逆風を一身に受けた」として、「当初、楽な戦いといわれ、終盤やや気がゆるんだかもしれない。自民党県連会長として逆風を一身に受けた影響もあろう。しかし正々堂々と論陣を張り、逃げずに前向きに政治に取り組む姿勢はわかってもらえたと思う。旧来に増して婦人の方の手ごたえが良かった」、と選挙戦を振り返っている[21]

見事に三選を果たした大島は、選挙事務所で当選の喜びを「国のため、ふるさとのため全力を尽くす。それが厳しい戦いのなかで、皆さんの真心をいただいた恩返しだと思う[22]」、と語った。

東奥日報の「記者座談会―本県総選挙を振り返る」では、大島陣営の戦いぶりが、次のように報じられている。

「八戸戦争といわれた田名部、大島の戦いは、八戸で初めて田名部が大島を上回り5万票の大台にあと一歩という所まで得票を伸ばした。……得票を見ると浮動層を票に結びつけられず、関陣営の追い風に持っていかれた気がする。ムード選挙の弱点をつかれた感じがする。……大島は出遅れこそあったが、女性、若者の支持でばん回。中央から大物を招いての個人演説会では会場の市民文化センター大ホールに入りきれないほど人を集めた[23]」。

〈図表①〉1990年衆議院総選挙の開票結果　青森一区

結果	氏名（年齢）	得票数	政党
当選	関　　晴正　（66歳）	161,579票	社・元
当選	田名部匡省　（55歳）	106,946票	自・前
当選	津島　雄二　（60歳）	88,328票	自・前
当選	**大島　理森　（43歳）**	**84,302票**	**自・前**
次点	竹中　修一　（71歳）	69,803票	自・前
	富樫　秀雄　（55歳）	14,648票	共・新

出典：『青森県選挙管理委員会』
https://www.pref.aomori.lg.jp/soshiki/senkan

〈図表②〉大島理森の都市別得票数

都市名	得票数
青森市	2,672票
八戸市	**39,803票**
十和田市	4,986票
三沢市	3,572票
むつ市	2,629票
東郡	961票
上北郡	10,801票
下北郡	2,220票
三戸郡	16,658票

出典：『青森県選挙管理委員会』
https://www.pref.aomori.lg.jp/soshiki/senkan

なお、注目された八戸市では大島が1万2392票減の3万9803票獲得したのに対して、田名部の方は4万9750票も獲得し、田名部が大島を9947票の大差をつけて制したのが特筆される。

今回、大島の選挙公報の公約は、冒頭で〃清新、創造、および実行〃を柱文字に使用し、次のように訴えている。「清新、それは私が政治に取り組む基本姿勢であります」。「創造、それは政策立案、政策遂行にあたっての私の原点であります」、「政治とは結果責任であります。実績を得なければ、どれだけ良い理念、目標を有していても意味はありません」。そして最後に、〃一生懸命に〃と訴えている。政治とは、結果責任であるという文言が目新しい。(24)

(5)1993年の衆議院総選挙

第40回衆議院総選挙は1993年7月18日に行われ、政界再編の行方と政治改革が問われた。青森1区は戦後最低の投票率（61・69％）に終わり、自民党前職の田名部匡省、大島理森、および津島雄二の3人が上位を独占する形で圧勝し、残りの1議席に社会党新人の今村修が食い込み、解散前と同じく自民党が3議席、社会党が1議席を確保した。一方、2区（投票率70・26％）では、新生党前職の木村守男がトップで当選、次いで自民党元職の竹内黎一が返り咲き、同前職の田澤吉郎も議席を堅持した。青森県では1区では3名、2区でも3名の自民党候補が制し、保守回帰の傾向を明白にした。また「既成政党対新党の対決」では、1区で社会党の今村候補が日本新党の山崎力を接戦の末に破って勝利、また2区では、新生党の木村守男が底力を発揮し、社会党の山内を退けて「新党ブーム」を現実のものにした。(25)

敷衍するなら、1区では、自民党前の田名部10万5905票、大島10万2921票、津島8万7182

票を獲得で当選回数を伸ばした一方、前職の関からバトンを引き継いだ社会党新人の今村修は6万6437票と前回の得票を大きく減らしたが、4番目に滑り込んだ。日本新党の山崎力は新党ブームに乗って健闘したものの、既成政党の壁を崩すことができなかった。[26]

東奥日報は、大島が10万2921票獲得して勝利した要因を「大島氏は前回、田名部氏に1万票の差となった八戸市で巻き返した。新戦力となった県議らが新支持層を開拓、また自身がまめに選挙区に帰り、地区単位の国政報告会を重ねるなど浸透を図ってきた。三八以外でも系列入りした県議らが拠点を築き、支持を固め、全域で得票を増やした」、と報じている。[27]

デーリー東北には、大島の選対本部長を務めた尾崎源五郎の談話がある。尾崎選対本部長は「危機感で逆に陣営締まった」として、大島の勝因を「投票率が低いこと自体、見えにくい不透明な選挙だった。前回、票を減らしており最初から厳しい状況だった。しかし、大変という危機感で逆に後援会の動きが良かった。危機感を皆さんが持ってくれたことが当選に結びついたと思う」と語った。[28] 大島は前回比で1万8619票増。内閣官房副長官の肩書きが功奏した。

10万票を超える得票で5回目の当選を飾った大島は、選挙事務所で「皆さんからの真心は、国政の場でしっかりと働き恩返しする」。「政治改革は時間がかかってもやらなければならない。新幹線問題は、県民の期待にこたえられるよう政治力を結集して当たりたい」と述べて、決意を新たにした。[29]

肝心の八戸市内では、大島が5027票増の4万4830票を獲得したのに対し、田名部の方は3万9127票に留まり、今回は大島が田名部を5703票差でかわした形となった。

大島が提示した選挙公報の公約は、従来のそれと趣を異にしており、新時代の創造として「清・実・

勇」を挙げるなど、斬新さが伺われる。大きな柱として、①政治改革の断行、②生活重視の政治、③経済・産業の新発展を提示。また、海部内閣の下で、当選3回ながら、1年8ヵ月内閣官房副長官として務めたことを誇っている。[30]

〈図表①〉1993年衆議院総選挙の開票結果　青森一区

結果	氏名（年齢）	得票数	政党
当選	田名部匡省　（58歳）	105,905票	自・前
当選	**大島　理森　（46歳）**	**102,921票**	**自・前**
当選	津島　雄二　（63歳）	87,182票	自・前
当選	今村　　修　（51歳）	66,437票	社・新
次点	山崎　　力　（46歳）	58,412票	日・新
	高橋千鶴子　（33歳）	25,329票	共・新
	大久保利夫　（50歳）	5,959票	無・新

出典：『青森県選挙管理委員会』
https://www.pref.aomori.lg.jp/soshiki/senkan

〈図表②〉大島理森の都市別得票数

都市名	得票数
青森市	4,874票
八戸市	**44,830票**
十和田市	7,726票
三沢市	4,305票
むつ市	3,350票
東郡	1,531票
上北郡	14,000票
下北郡	3,568票
三戸郡	18,737票

出典：『青森県選挙管理委員会』
https://www.pref.aomori.lg.jp/soshiki/senkan

青森３区	
区　　域	八戸市、十和田市、三沢市、上北郡七戸町、六戸町、東北町、おいらせ町、三戸郡（2017年７月16日現在）
比 例 区	東北ブロック
設 置 年	1994年（2013年・2017年区割変更）
選出議員	大島理森
有権者数	400,456人

出典：『青森県選挙管理委員会』https://www.pref.aomori.lg.jp/soshiki/senkan

３、「小選挙区比例代表並立制」時代

⑴１９９６年の衆議院総選挙

連立政権の在り方が問われた第41回衆議院総選挙は、１９９６年10月20日に「小選挙区比例代表並立制」という新しい選挙制度の下で行われた。本県の小選挙区では、都合15人の候補者によって争われた。投票の結果、１区は自民党前職の津島雄二（８万６４１１票）、２区は自民党新人の江渡聡徳（６万３６７２票）、３区は自民党前職の大島理森（９万６６２８票）、そして４区は新進党新人の木村太郎（10万１０５９票）が当選。自民党で比例代表東北ブロックの単独候補の田澤吉郎と竹内黎一は、当選ラインに届かず落選に終わった。投票率の方は、１区から４区を合わせた合計で63・40％に留まり、前回を１・53ポイント下回った。[31]

小選挙区は、自民党、新進党という二大政党の対決の場となった。結果は、自民党3議席、新進党1議席の内訳となり、自民党が底力を見せた。選挙結果の特色は、世代交代の大きなうねりであって、初当選した江渡は弱冠41歳、また木村は31歳。一方、比例代表に回った自民党の田澤（78歳）、竹内（70歳）の両派閥の領袖はそろって落選するなど、世代交代の大きな流れを感じさせた。[32]

3区では、大物同士の一騎打ちとなり、自民党の大島（9万6628票）が、猛追する新進党の田名部匡省（8万1460票）を1万5168票差でかわし、「八戸戦争」に決着をつけた。ただし大島は前回比で6293票減した。田名部は終盤激しく追い上げたものの力及ばず敗退。また、共産党の松橋三夫（6119票）は、保守激戦の間で票が伸び悩んだ。[33]

「小選挙区比例代表並立制」の導入に伴う3区の様子と選挙結果を、政治学者の木村良一は次のように解説している。

最初に、「3区は八戸市と三戸郡が選挙区のため最もコンパクトな地区とされたが、中選挙区時代から引き続き、大島、田名部の〝八戸戦争〟の構図となった。全国的にも注目された選挙区の一つである。これまでは大島、田名部の二人当選で順位だけを争えばよかったが、今度はどちらか一方を落とす選挙。有権者からは二人当選させたいという悲願に近い声も聞かれた。しかし、小選挙区制では一人より当選がかなわない」と指摘。

その上で、「大島は〝自民党による安定政権〟を訴え、中央での連立を組んでいる社民党との選挙協力を3区でも実現し、労組票を取り込んだことが票を底上げする力となった。そのため大島は3区の全市町村をトップで抑えたのである。田名部は〝消費税3％据え置き〟と〝大胆な改革〟を訴えて、旧来の支持層を固め、公明党の全面的な支援と木村守男知事との県政一体を主張したが、大島に突き放されることになった」[34]。

デーリー東北は、「小選挙区比例代表並立制」の下での大島勝利の背景を、「大島氏の勝因は幅広い企業票の結束や公示ぎりぎりで成立した労組協力、滝沢求氏の支援、さらにハマの結集などが挙げられるが、三八中心に積み重ねてきた基礎票の優勢さに加え、無党派層の浮動票をも確実につかんだ周到な戦略が基軸となった」と、分析している[35]。

〈図表①〉1996年衆議院総選挙の開票結果　青森三区

結果	氏名（年齢）	得票数	政党
当選	**大島　理森　（50歳）**	**96,628票**	**自・前**
次点	田名部匡省　（61歳）	81,460票	新進・前
	松橋　三夫　（47歳）	6,119票	共・新

出典：『青森県選挙管理委員会』
https://www.pref.aomori.lg.jp/soshiki/senkan

〈図表②〉大島理森の都市別得票数

都市名	得票数
八戸市	**67,366票**
三戸郡	29,262票

出典：『青森県選挙管理委員会』
https://www.pref.aomori.lg.jp/soshiki/senkan

上で述べたように、新しい小選挙区の下では、自民党の大島が新進党の田名部を制した。大島は選挙事務所で苦しかった選挙戦を振り返り、「非常に厳しく有権者にとってもつらい選択。自分の政治生活において生涯忘れることのできない戦いだった。木村県政への姿勢はこれまでと変わることはない。ただ１５０万県民にとっては公平であるかどうかが大事だ」と語り、「今後はさっそく新幹線八戸以北問題について、また国の行革、介護保険問題など積極的に取り組んでいく。今後も自民党を中心として政権であるのは確実で、与党としての責任を果たす」、と決意を新たにした[36]。

八戸市内における大島の得票は前回から２万２５３６票増の６万７３６６票、一方、田名部は５万８３４７票に留まり、大島が田名部を９０１９票と大きく引き離して勝利した。３区の投票率は、70・04％とかなり高く、一人だけを選出する小選挙区制での激戦が投票に反映された、といえよう。

選挙制の変更に伴い選挙戦術が見直され、選挙公報の公約の方も変化したのであろうか。しかし、小選挙区制を意識した内容とはいい難い。大島は冒頭で、〃明日への責任〃を謳い、また、私の決意の箇所では「創造と信頼、そして行動の政治」を提示し、その上で三つの公約、すなわち、①地域・人間の尊重、②広がりと潤いのある地域社会の創造、③豊かな改革実行、を語っている。その中で、「共生」の環境を整備すること、また高齢化社会における「活力ある日本」、という文言が目立った。[37]

(2)２０００年の衆議院総選挙

政権選択を最大の争点にした第42回衆議院総選挙は、２０００年６月25日に行われた。本県の小選挙区では、１区は自民党の津島雄二（９万６６９１票）、２区は無所属の三村申吾（８万０３３８票）、３区は自民党の大島理森（前回比で３０２６票減の９万３６０２票）、そして４区は、同じく自民党の木村太郎（12万６０５６票）が制した。[38]

自民党は、木村守男知事系議員との合流による「政治結集」の成果を踏まえて、１区、３区、および４区で、終始優勢な内に選挙戦を進めて圧勝した。だが、主戦場となった２区では、江渡聡徳が組織をフル回転して善戦したものの及ばず、「無所属の会」公認の三村申吾に敗退。投票率は、史上最低であった前回よりも落ち込み、61・04％に留まった。その背景として、無党派層の増加、非自民勢力の総体的力不足、および県政総与党化に対する有権者の〃しらけムード〃があった。[39]

敷衍すれば、衆議院総選挙は6月25日に行われ、小選挙区では、1区津島雄二、3区大島理森、および4区木村太郎という具合に、自民党の前職が再選されたものの、しかし、2区では、無所属の会新人の三村申吾が自民党前職の江渡聡徳を破って初当選した。自民党は、解散の時点で4議席を占めていたが、その一角が崩されたのだ。今回の衆議院総選挙では、非自民勢力である民主党、無所属の会、および県民協会が選挙協力を結ぶなど、青森県も中央と同様に、「自民党対民主党」を軸とした戦いとなった。[40]

3区では、大島が政権与党の優位性を訴えて支持を拡大し、全市町村でトップに立った。田名部匡代(匡省の二女)は実父の知名度に加えて、若者、無党派、女性、および反自民票に訴えたが劣勢を挽回できず、次点に終わった。3区の投票率は、63・73%に留まり、前回に比べて6・31ポイント低下した。[41]

東奥日報は3区の結果について言及した中で、大島の勝因と田名部の敗因を次のように分析している。

「大島・田名部陣営の〝八戸戦争〟が再燃した3区の戦いは自民・大島理森氏が勝利を収めたが、田名部匡代氏の健闘が目立った。6期目で自民党・国会で要職を目指す大島氏にとっては〝勝ち方〟が大きな意味を持つ戦い。だが、早くから楽勝ムードが流れる中、盛り上がりを欠く選挙戦に陣営は危機感を募らせていた。

一方の田名部氏は〝若さ〟〝女性〟を前面に打ち出し、青年層や女性に重点を置いた運動を展開。大島陣営も〝従来型の選挙戦では優劣が読めない相手〟と警戒心を強め、女性票の掘り起こしにやっきとなった。大島陣営は組織の緩みを最小限に抑える傍ら、国政・県政与党の強みを生かして建設業界にもてこ入れを徹底。商工界や水産業からも幅広い支持を取り付けた。

さらに前回は中立を保った中里信男・八戸市長が大島氏支持を明言し、陣営が文字通り盤石の態勢となった。

〈図表①〉2000年衆議院総選挙の開票結果　青森三区

結果	氏名（年齢）	得票数	政党
当選	**大島　理森　（53歳）**	**93,602票**	**自・前**
次点	田名部匡代　（30歳）	64,203票	民・新
	松橋　三夫　（50歳）	7,540票	共・新

出典：『青森県選挙管理委員会』
https://www.pref.aomori.lg.jp/soshiki/senkan

〈図表②〉大島理森の都市別得票数

都市名	得票数
八戸市	**64,423票**
三戸郡	29,179票

出典：『青森県選挙管理委員会』
https://www.pref.aomori.lg.jp/soshiki/senkan

だが結局、最後まで組織がフル稼働せず、得票は前回の９万６千票を下回った。

田名部氏は従来の支持層・支持企業の票をまとめ切れず、田名部系の首長が多数を占める郡部でも組織の動きの鈍さが目立った。しかし父・匡省氏が２区の応援でほとんど不在となる中、青年層や女性へのアピールが功奏し、前回からの票の目減りを最低限に食い止めた。共産・松橋は保守系の二陣営が激突する中で善戦したが、及ばなかった(42)」。

衆院選で６選を果たした大島は選挙事務所で、記者団からの質問に「選挙戦で訴えた一つ一つの政策に責任を持つのが六期目の大きな課題」と応じ、「初心に帰って全力を尽くして国事と古里に情熱と力を注ぎこむことを継続したい」、と挨拶した(43)。

確かに、今回の衆議院総選挙では、田名部匡代は大島に敗れたものの、大島の得票の68・６％を獲得してかなり健闘しており、田名部陣営が目標としていた「次につなげる選挙」に繋がったことは間違いない(44)。

肝心の八戸市では、大島が前回比で２９４４３票減しながら６万４４２３票を獲得した一方、田名部は４万６２２４票に留まり、大島が田名部を１万８１９９票差で制した。今後も大島、田名部両陣営による因縁の戦い＝「八戸戦争」は続くものと思われる。

大島が掲げた選挙公報の公約は、最初に、〝今の責任、明日の創造〟をキャッチリードとし、「活力と安心、そして調和の構築」を謳え、その上で、①活力　②安心　③調和の中味を具体的に展開、農林水産・中小企業などに言及するなど、地元産業へのサービスを忘れていない。なお、今回から、〝「比例代表」も自民党へ〟の文言が挿入された。(45)

(3)2003年の衆議院総選挙

政権交代を最大の争点とした第43回衆議院総選挙は、2003年11月9日に行われた。自民党は青森県全4区のすべてで勝利し、比例代表の東北ブロックでも1議席を獲得、共産党も、比例東北ブロックで17年ぶりに1議席を手にした。選挙区での当選者は、1区が津島雄二（8万1511票）、2区が江渡聡徳（9万6784票）、3区が大島理森（8万6909票）、そして4区が木村太郎（11万0675票）であった。また比例代表では、自民党の津島恭一、共産党の高橋千鶴子が当選。1区から4区を合わせた選挙区の平均投票率は57・51%で、前回を3・53ポイント下回り、過去最低を記録した。(46)

今回の衆議院総選挙では、各党は〝マニフェスト（政権公約）〟を掲げ、「政権交代」が最大の争点となった。全国レベルでは、自民党が247議席から237議席に後退する一方、民主党は137議席から177議席へと大躍進した。(47)だが、青森県では、中央政界とは異なり、必ずしも「政権交代」という対立構図にはならなかった。自民党は県民の高い支持を得たが、それだけ、県民から大きな期待が与党に寄せられている証しでもあった。(48)

既述のように、衆議院総選挙は２００３年11月９日に行われ、本県選挙区では自民党が４議席をすべて独占するなど、自民党の全勝は中選挙区制の下で行われた１９８６年の総選挙以来のできごとで、小選挙区制の下では初めてであった。[49]

政治学者の木村良一は、第43回衆議院総選挙の経緯について、その特色を次のように指摘している。

「小選挙区制導入から3回目の選挙である。本県の小選挙区の結果は、４選挙区とも自民党の独占となった。投票率を見ると本県の投票率は57・51％と、２０００年６月に行われた前回選挙の61・04％を3・53ポイント下回り、過去最低を更新した。今回、投票率を低くした要因は、自民党候補の優位が初めからわかっていた2区と4区の投票率が高まらなかったことにある」[50]。

二大勢力が激突する「八戸戦争」が再現された３区では、大島が秘書の一連の口利き疑惑を抱える逆風の中で、初心に帰ってきめ細かな戦術をとり支持者を固めた一方、民主党の田名部匡代は若さと清新さを強調、政権奪取を訴えたが一歩及ばず敗退した。共産党の松橋三夫候補は保守批判票の獲得に務めたものの、支持は伸びなかった。３区の投票率は、61・21％に留まり、前回を2・52ポイント下回った。[51]

より詳しく述べるなら、総選挙では自民と民主が真っ向から激突、大島が６６９３票減しながら8万6９０９票を獲得し、田名部（7万０２７５票）を1万６６３４票差で下して7選を果たした。ただ、票差は前回に比べると、今回、大島が田名部に約1万２８００票も詰められている。[52]

東奥日報は、大島の勝因を次のように分析している。

〈図表①〉2003年衆議院総選挙の開票結果　青森三区

結果	氏名（年齢）	得票数	政党
当選	**大島　理森　（57歳）**	**86,909票**	**自・前**
次点	田名部匡代　（34歳）	70,275票	民・前
	松橋　三夫　（54歳）	5,284票	共・新

出典：『青森県選挙管理委員会』
https://www.pref.aomori.lg.jp/soshiki/senkan

〈図表②〉大島理森の都市別得票数

都市名	得票数
八戸市	**60,252票**
三戸郡	26,657票

出典：『青森県選挙管理委員会』
https://www.pref.aomori.lg.jp/soshiki/senkan

「今回、大島氏の元秘書の疑惑が、どう影響するかが焦点だった。大島氏は〃原点に帰った戦い〃と位置付け、つじ説法などの先頭に立って草の根選挙を徹底する一方、陣営は早々から企業・団体などの支持を取りつけ、基盤の引き締めを図った。逆境をばねに一票一票を積み重ねるきめ細かい動きを見せた。勝因の一つは公明党との選挙協力。同党票は前回、田名部に流れたが、今回は大島氏が大半を取り込んだ。前回に引き続き八戸市をはじめ郡部で全勝。得票は前回から6千票減らしたが、疑惑への〃批判票〃は最小限に食い止めた形だ[53]」。

7回目の当選を手にした大島は、選挙事務所で「厳しい、苦しい選挙に心を一つにしていただき、七期目の当選をさせてもらったことに感謝する」と述べた後で、「あらためて初心に帰り、訴えてきたことをやっていく。身を律し、全力を尽くしていくことが私の使命だ」、と決意を語った[54]。

八戸市内では、大島が４１７１票減の6万０２５２票を獲得したのに対し、田名部は5万１７５３票に留まり、大島が田名部を８４９９票引き離して制した。ただ、田名部は前回約1万8千票もあった大島との差を約８５００票差まで縮める健闘ぶりを見せた。

大島は選挙公報の公約の中で、冒頭、〃「創造立国」一緒に造りましょう　新しい日本、ふるさと新時代〟を謳い、次の任期中に実現を目指す政策として活力、安心・安全、共生のある国づくりを挙げた。その上で、①〈活力〉の創造による新たな発展、②〈安心・安全〉の創造による不安の解消、③〈共生〉の創造による潤いの確立を提示した。[55]

(4) 2005年の衆議院総選挙

いわゆる「郵政解散」による第44回衆議院総選挙は、2005年9月11日に行われ、自民党が296議席を獲得して歴史的大勝利を収め、公明党と合わせて与党全体で327議席に達した。一方、民主党は解散時の175議席を大幅に下回る113議席に留まった。青森県の場合、2003年の前回に引き続き、自民党が4議席をすべて独占した。[56]

すなわち、1区は津島雄二が9万4072票を獲得して民主党の横山北斗（7万9323票）を、2区では、江渡聡徳が8万9887票を獲得して、民主党の中村友信（4万6124票）を、3区では、大島理森が前回比で4016票増し9万0925票獲得して民主党の田名部匡代（7万3846票）を、そして4区では、木村太郎が11万3704票の大量得票を手にして、民主党の渋谷修（4万1489票）を下して各々勝利を手にした。比例代表の東北ブロックでは、小選挙区で落選した民主党の横山北斗、同じく民主党の田名部匡代が復活当選を果たし、また、比例単独で共産党の高橋千鶴子が再選された。投票率は65・04％と前回を上回り、低落傾向に歯止めがかかった。[57]

敷衍するなら、郵政民営化と政権選択が主要争点となった衆議院総選挙は、2005年9月11日に行われ、自民党が大勝利をおさめた。本県では、小選挙区、比例区を合わせて、都合7人が当選。小選挙区では、自民党が1区で十一期目の津島、2区では、三期目の江渡、3区では、八期目の大島、そして4区では、四期目の木村が各々勝利し、議席を確保した。初めて4選挙区すべてに公認候補者を擁立した民主党は、激戦であった1区の横山北斗と3区の田名部匡代が比例代表東北ブロックで復活当選し議席を獲得するなど、自民党の「保守大国」にくさびを打ちこんだ。また、共産党の高橋千鶴子も再選された[58]。

田名部匡代との三度目の「八戸戦争」となった3区では、大島がこれまでの実績を訴えて自民党と公明党の厚い支持層をまとめて勝利。これに対して、民主党の田名部は、無党派層に照準を定めて党組織の弱体をカバーし追撃したが議席を奪うことができなかった。共産党の松橋三夫（6450票）は、保守批判票を取り込めず伸び悩んだ。投票率は激戦を反映して65・24％と、前回を4・03ポイント上回った[59]。

東奥日報は3区の選挙結果について、大島の勝因と田名部の敗因を詳しく分析している。

最初に、「自民党前職・大島理森氏と民主党元職・田名部匡代氏による事実上の一騎打ちとなった3区は、大島氏が田名部氏の追い上げを突き放し、前回より票差を広げて8選を果たした。三度目の顔合わせとなった今回、大島陣営は従来と同様、各地域に張り巡らせた自民党と後援会組織を核にして支持固めを進めた。街頭や集会では、大島氏の実績や実行力を前面に出し〃地域から大島を失うわけにはいかない〃と閣僚経験者の存在感を強調した」と指摘した。

その上で、「急な衆院解散による短期決戦で時間が限られていたほか、元秘書の口利き疑惑という逆風にさらされた前回選挙に比べて、陣営内の危機感は薄れ、緩みが懸念されたが、終盤に緊急集会を開くなどして引き締めを図ったことが奏功した。公明党が〃公認候補並み〃の態勢で支援したことも得票を押し上げた」と説明。

〈図表①〉2005年衆議院総選挙の開票結果　青森三区

結果	氏名（年齢）	得票数	政党
当選	**大島　理森　（59歳）**	**90,925票**	**自・前**
次点	田名部匡代　（36歳）	73,846票	民・前
	松橋　三夫　（56歳）	6,450票	共・新

出典：『青森県選挙管理委員会』
https://www.pref.aomori.lg.jp/soshiki/senkan

〈図表②〉大島理森の都市別得票数

都市名	得票数
八戸市	**66,224票**
三戸郡	24,701票

出典：『青森県選挙管理委員会』
https://www.pref.aomori.lg.jp/soshiki/senkan

「一方、田名部陣営は三度目の挑戦を〃背水の陣〃と位置付け〃同じ政党、同じ人では政治は変わらない〃と刷新の必要性を強く訴えた。公民館などで連日、集会を開く従来型の戦術を変更し、地域を細かく回って握手作戦を展開するなど草の根選挙を徹底。無党派層や若者層などをターゲットに新たな票の掘り起こしに務めたが、全国的に民主党に追い風が吹かなかったこともあり、大幅な票の上積みとはならなかった」、と結んだ。(60)

見事に八度目の勝利を手にした大島は、選挙事務所で「地方を元気にし、21世紀を生き抜く力を持つための改革を進めたい」と述べ、「わが身を焦がし、燃やし、故郷と日本のために光を当てようとの気構えで政治に挑戦したい」、と新たな決意を示した。(61)

八戸市内では、大島が５９７２票増し６万６２２４票を獲得。田名部は５万５８８９票に留まり、大島が田名部を１万０３３５票の大差で制した。田名部の方は比例区で復活当選を果たした。

大島の選挙公報の公約は、最初に、〃この地球を想い　国、郷土を創る―創造立国〃を謳い、その上で、「改革実行」そして「創造実現」に向けて、次の４点を挙げた。①安心・安定の創造、②活力の創造、③共生の創造、④新しい郷土の創造である。大島は「共生」や「創造」という文言が好きらしく、必ずでてくる。今回、冒頭で年金、医療、介護への言及があり、福祉政策への関心が伺われる。また、「原子力の安全・安定」供給というように、原子力に関する政策に初めて言及したのが目についた。[62]

⑸２００９年の衆議院総選挙

第45回衆議院総選挙は、２００９年８月30日に行われた。まず、青森県では、１区で、民主党の横山北斗が10万１２９０票を獲得して初当選し、民主党は本県選挙区で初めて勝利した。２区は、江渡聡徳が８万６６５４票を、３区は、大島理森が９万０１７６票を、そして４区は、木村太郎が11万２５６３票を獲得して各々当選し、自民党は逆風の中で、３議席を確保した。投票率は全県で平均すると68・52％で、１９９６年の小選挙区移行後では過去最高であった。比例東北ブロックでは、選挙区で敗退した、民主党の中野渡詔子、田名部匡代、および自民党の津島恭一が各々復活当選し、また、共産党の高橋千鶴子も比例単独で３選を果たした。[63]

これに対して、中央では周知のように、野党の民主党が単独過半数（２４１議席）を大幅に上回る３０８議席を獲得して大勝利、念願の「政権交代」が実現した。一方、与党の自民党は公示前の勢力（２９６議席）の約三分の一（１１９議席）に激減するなど、歴史的惨敗に終わり政権の座から転落を余儀なくされた。[64]

選挙戦では、「政権選択」が最大の焦点となり、各党ともに〝マニフェスト（政権公約）〟を掲げて政策論争を展開。本県では、景気対策・雇用確保、および年金問題など生活に密着した問題が争点となった。

３区では、大島が逆風をしのいで、僅差で田名部をようやく制した。大島は自民党の国対委員長として豊富な経験と実績をアピールするなど、最終盤で田名部を逆転。前回から７４９票増した。田名部は、小選挙区で、大島に３６７票差とつめながら勝利を逃したものの、比例復活で3選を果した。投票率は、激戦を反映して70・39％に達し、前回を5・15％上回った。[65]

デーリー東北は、大島が激戦の末に選挙区で9回目の勝利を手にした背景を、次のように分析している。冒頭で「大島氏は、政策の実効力を強調し、政党対決色を薄める戦略を取った。後援会も〝過去にない厳しい選挙〟という共通認識の下、引き締めを図った。これまで、〝先行逃げ切り〟で勝利してきたが、今回は事前の情勢調査で劣勢が伝えられた。これが危機バネとなり、陣営は〝とにかく歩いて一票でも積み重ねてほしい〟と大号令。組織が急速に結束し、死に物狂いで巻き返しに動いた。……終盤は、集会などで〝絶対おとせない〟というムードづくりを上手に演出し、逆風をはねのけた」、と指摘した。

これに対して、「田名部氏は、党を前面に出した選挙戦を展開。つじ立ちや握手で有権者と直接触れ合い、若者や無党派層を中心に支持を訴えた。……情勢調査で先行が伝えられるという過去にない展開となったが、結果的に〝揺り戻し〟が働いた形だ」、と結んだ。[66]

今回の総選挙では、一部のテレビが大島の敗北を伝え、これを受けて、大島は敗戦の弁を述べて選挙事務所を後にした。しかし最終段階で、大島が３００票台の３６７の小差で9度目の勝利をものにした。

この点を詳述しておくと、午後9時25分、大島は「有権者は政権交代を選択した。私の努力が至らなかった」と述べ、支持者への落選挨拶回りに向かった。ところが、午前0時直前に大島の当選が微差で決まった。選挙事務所に戻った大島は、涙を浮かべて「厳しい選挙の中で本当に感謝している。経済、社会保障、政治の立て直しに取り組みたい」、と決意を新たにした。[67]

八戸市内では、田名部が6万８７９０票を獲得。大島の方は２４７票増の6万６４７１票に留まり、２

〈図表①〉2009年衆議院総選挙の開票結果　青森三区

結果	氏名（年齢）	得票数	政党
当選	**大島　理森　（62歳）**	**90,176票**	**自・前**
次点	田名部匡代　（40歳）	89,809票	民・前
	中西　修二　（62歳）	2,249票	幸・新

出典：『青森県選挙管理委員会』
https://www.pref.aomori.lg.jp/soshiki/senkan

〈図表②〉大島理森の都市別得票数

都市名	得票数
八戸市	**66,471票**
三戸郡	23,705票

出典：『青森県選挙管理委員会』
https://www.pref.aomori.lg.jp/soshiki/senkan

３１９票差で田名部が初めて大島を制覇したのが特筆される。大島は父以来の大票田である三戸郡の〃貯金〃で田名部を突き放したのだ。

大島の選挙公報の公約を見ると、冒頭のキャッチフレーズで「景気回復なくして安心なし　立て直します、安心そして希望の構築」を掲げ、その上で、「四つの提言・一つの責任」を謳っており、従来の公約と比べるとスタイルに変化が見られた。その内容は、提言①景気・雇用を伸ばします、提言②安心・希望の芽を育てます、提言③ふるさと・地方を元気に、そして提言④平和・環境を守ります、となっている。今回、「テロ・海賊との闘いを継続」という文言が初めて公約の中に記載されたのが目についた。[68]

(6) ２０１２年の衆議院総選挙

第46回衆議院総選挙は、２０１２年12月16日に行われ、自民党が２９４議席と圧倒的勝利を収め、公明党が獲得した31議席と合わせて３２５議席を手にし、安倍晋三が率いる自民党は3年ぶりに政権の座に復帰した。一方、民主党は57議席と歴史的な惨敗を喫し、野田佳彦首相は辞任し、後任の代表には海江田万里が就任した。[69]

青森県の小選挙区では、1区は自民党新人の津島淳が7万3237票、2区は同党前職の江渡聡徳が8万1937票、3区は同党前職の大島理森が7万4946票、そして4区は同党前職の木村太郎が10万4544票を獲得して当選を果たし、自民党は強固な支持基盤をバックに小選挙区4議席を全て独占。これに対して、与党の民主党議員は議席を失った。自民党が4議席を独占するのは、2005年の前々回の総選挙以来7年ぶりのことだ。比例代表の東北ブロックでは、共産党の高橋千鶴子が4選を果たした。有権者の関心は総じて低く、平均投票率は54・20%で、戦後最低を記録した。[70]

詳述するなら、衆議院総選挙は12月16日に実施され、本県選挙区では、自民党は1区で、津島淳が初当選を飾った他に、2区で江渡聡徳が5選、3区で大島理森が10選、そして4区で木村が6選を果たし、小選挙区の全議席を独占した。前回の総選挙で比例復活を含めて4議席を有していた民主党は、議席がゼロとなった。ただ、共産党の高橋千鶴子は、比例単独で4選を手にした。選挙戦では、民主党が政権維持を掲げたのに対し、自民党は政権奪取を掲げて全選挙区で激しく対決。また、「未来の党」の前職2人や「維新の会」公認の新人ら〝第三極〟勢力が議席を獲得できるかどうかに焦点が集まった。選挙戦の過程において、原発を含むエネルギー政策をはじめ、消費増税や景気・雇用対策などが争点となった。「政権交代」が問われた前回の選挙に比べると、有権者の関心は総じて低く、戦後最低の投票率に留まった。投票率は、54・20%で前回の68・52%から14・32ポイントも低下した。[71]

3区では、大島が自民党副総裁や幹事長の経験と実績をアピールして余裕ある戦いで勝利したが、前回より1万5230票も減した。民主党の田名部は小選挙区で苦戦し、比例復活も適わなかった。田名部が苦戦したのは、未来の党の新人・山内卓が立候補して打撃を受けたからだ。山内票はもともと田名部票であったので、田名部票の分裂となった。[72]

3区の選挙結果について、デーリー東北が次のように分析している。

「大島氏は〝民主政権による迷走する政治から脱却し、進める政治、決める政治を取り戻す〟と強調。派閥領袖として県外候補へ応援地元を離れる際は、県議団や市町村議、網の目のように張り巡らされた後援会組織が本人不在をカバーした。世論調査で序盤から優勢が伝えられていたことから、選対本部は陣営内の〝緩み〟を警戒。２００９年衆院選で３６７票差まで追い詰められた経験を踏まえ、最終盤に開催した緊急集会では参加者に〝１人当たり５人紹介してほしい〟と呼びかけ、引き締めを図った」、と指摘した。

一方、「田名部氏は、３年余の政権与党の実績を懸命にアピール。劣勢を伝えられる中、陣営は〝八戸市には国会議員が２人必要だ〟と、早くから比例復活を視野に支持を訴えた。だが、長年の課題である組織づくりが進んでおらず、県連代表を務めながらも、劣勢をはねのけることができなかった。出馬表明が公示２週間前と出遅れた山内卓は、民主分裂の構図を受け、非自民票の一部を取り込んだ。五度目の挑戦だった松橋三夫は埋没した」[73]。

総選挙で、十度目の勝利を手にした大島は選挙事務所で、「応援してくださる方々も前回、選挙の苦しさを知った。今回、その意識を持って戦えたことが大きい。決して前回のことを忘れてはいけない」と挨拶。その上で「一歩一歩、政治の信頼を確立する。国民のために結果を生み出す政治を行う」、と決意を新たにした。[74]

八戸市の結果は、大島が前回比で１万１９８９票減の５万４４８２票、田名部が３万４９９９票、山内

〈図表①〉2012年衆議院総選挙の開票結果　青森三区

結果	氏名（年齢）	得票数	政党
当選	**大島　理森　（66歳）**	**74,946票**	**自・前**
次点	田名部匡代　（43歳）	46,184票	民・前
	山内　　卓　（34歳）	12,878票	未・新
	松橋　三夫　（63歳）	5,593票	共・新

出典：『青森県選挙管理委員会』
https://www.pref.aomori.lg.jp/soshiki/senkan

〈図表②〉大島理森の都市別得票数

都市名	得票数
八戸市	**54,482票**
三戸郡	20,464票

出典：『青森県選挙管理委員会』
https://www.pref.aomori.lg.jp/soshiki/senkan

が1万0306票、および松橋が4721票の順となり、大島が制覇した。田名部にとって、山内が1万余票獲得したのが響いた。田名部は前回に比べて3万票以上も減らしており、比例復活もかなわなかった。

大島の選挙公報の公約は、冒頭で日本復興を謳い、次のようなキャッチフレーズで始まっている。すなわち、「たくましい日本・ふるさとを取り戻すため、信頼と責任ある政治を創ります」。その上で、5つに及ぶ復興を謳い、東日本大震災で青森県太平洋側の八戸市も被害にあったことへの配慮がにじみ出ている。その5点とは、①震災からの復興、②低迷する経済の復興、③安心の復興、④外交力の復興、⑤教育の復興、である。特に、④の中で、中国、韓国との関係改善を説くなど、従来になく外交を重視していた点が特筆される。[75]

(7) 2014年の衆議院総選挙

第47回衆議院総選挙は、2014年12月14日に行われた。開票の結果、自民党と公明党が定数の三分の二を上回って323議席を獲得、安倍晋三政権の継続が決まった。一方、民主党の議席は73に留まり、海江田万里・代表が落選した。

青森県の小選挙区では、前回に続き、自民党が4議席を独占。当選者は、1区が津島淳（6万6041票）、2区が江渡聡徳（8万1054票）、3区が大島理森（5万9280票）、そして4区が木村太郎（7万9156票）で、いずれも前職が勝利し議席が固定化されつつある。比例代表東北ブロックでは、1区で維新の会の升田世喜男（6万2254票）が復活で初当選、また、共産党の高橋千鶴子が名簿1位で連続5回目の当選を飾った。投票率は、県全体では46・83％で前回を7・37ポイント下回り、過去最低を更新し、全国で最低であった。なお、3区の投票率も48・87％に留まった。[76]

上で述べたように、衆議院総選挙では、自民党が290議席を獲得し、公明党（33議席）と合わせて323議席となり、定数の三分の二を手にした。安倍首相は政権運営に信任を得たとして、「アベノミクス」を推進し、集団的自衛権の行使を可能にする安全保障法制の整備を急ぐ考えを明確にした。[77]

3区では、大島が引き続き勝利したが、しかし、前回比で1万5666票減している。デーリー東北は田名部が敗北した要因について、以下のように分析している。

「大島理森氏（自・前）と田名部匡代氏（民・元）との6度目の対決は、序盤で優位に立った大島氏が、中盤以降追い上げた田名部氏をかわし、11期連続の当選を果たした。

大島氏はアベノミクスの継続と地方創生を訴え、10期31年の実績を強調。各地に張り巡らせた組織をフルに生かして戦いを進めた。世論調査では終始、自民の優勢が伝えられ、選対は陣営に広がる〝楽観ムード〟の打ち消しに追われた。終盤に開いた緊急集会では、幹部が〝急激に追い上げられている〟と危機感を強め、引き締めを図った。陣営が目指した〝圧倒的勝利〟とは言い難かったとはいえ、組織力を生かして手堅く票をまとめ、最終的に田名部の猛追をしのいだ」。
一方、「田名部氏は前回、党への逆風を跳ね返せず、大島氏に2万8千票以上の大差をつけられ、比例復活も果たせず国政への議席を失った。今回の選挙を〃政治家としての正念場〃と位置付け、巻き返しを図った。浮動票を意識した街頭演説を中心とした活動から、あいさつ回りなどで支持を固める手法に変更。アベノミクスに対する地方の不満を取り込もうと、市部を中心に疾走した。しかし、突然の解散で準備不足は否めず、県議や市町村議らと連携も十分でなかった。維新や社民との野党連合も戦況を一変させるほどの効果はなかった。中盤以降に政権批判票を取り込み、これまで大島氏に大差をつけられていた郡部で健闘したものの、またしても及ばなかった。松橋三夫（共・新）は他の野党と一線を画し、自民との対決姿勢を打ち出したものの、大島、田名部両氏の戦いに埋没した」[78]。

〈図表①〉2014年衆議院総選挙の開票結果　青森三区

結果	氏名（年齢）	得票数	政党
当選	**大島　理森　（68歳）**	**59,280票**	**自・前**
次点	田名部匡代　（45歳）	49,142票	民・元
	松橋　三夫　（65歳）	7,311票	共・新

出典：『青森県選挙管理委員会』
https://www.pref.aomori.lg.jp/soshiki/senkan

〈図表②〉大島理森の都市別得票数

都市名	得票数
八戸市	**46,301票**
三戸郡	12,979票

出典：『青森県選挙管理委員会』
https://www.pref.aomori.lg.jp/soshiki/senkan

11回目の勝利を手にした大島は、選挙事務所で「皆さんの志のおかげで、また国政の場に立たせていただく、ありがたい」、「戦う者として心の緩みがあったと自省する」、さらに「もっと地方に光を当ててほしいという皆さんの気持ちを受け止め一歩一歩、力強く、愚直に歩んでいく」、と当選の喜びと今後の決意を披露した[79]。

八戸市内で、大島が８１８１票減の４万６３０１票、田名部は３万９９０４票。大島が田名部を６３９７票引き離し、八戸市を制覇した（八戸市のみで全体の78・１％を占めた）。

大島は選挙公報の公約の中で、再び日本復興を謳い、冒頭のキャッチフレーズは「地方が出番です―自立、創造、協働」、と謳っている。その上で、①震災からの復興、②デフレ脱却、成長と希望の復興、③安心の復興、④教育の復興、⑤外交力の復興を説いている。ただ、気になるのは、今回の選挙公約が前回のそれとほぼ同じ内容であることだ。前の衆議院総選挙から２年しか経過していないとはいえ、一工夫欲しかった。今回は、「いじめ防止」に言及している点が目新しい。(80)

⑻２０１７年の衆議院総選挙

第48回衆議院総選挙は、２０１７年10月22日に行われた。その結果は、青森県の１区から３区まで、自民党候補が独占した。すなわち、１区は津島淳が10万３１７７票、２区は大島理森が７万４２６５票増の13万３５４５票、そして３区は木村次郎が死去された太郎に代わり12万８７４０票を獲得して当選した。比例代表では、自民党の江渡聡徳と共産党の高橋千鶴子が議席を獲得。本県の投票率は、前回の46・83％を７・34ポイント上回り54・17％に達した。(81)

公職選挙法の改正により、本県の小選挙区は４議席から１議席減の３議席へと減少。比例代表を含めて４人当選を目指した自民党は、全員当選を果たし、引き続いて県政界で主導権を握ることになった。それに対して、希望の党は、前回復活当選を果たした升田世喜男が議席を失い、本県の非自民勢力は共産党の１議席のみとなった。(82)

大島は新しい2区から出馬。立候補したのは3名で、大島は中選挙区時代に選挙区であった上十三地域を含め、抜群の組織力と知名度を生かして盤石な戦いを展開して勝利。衆議院議長の肩書きが奏功した。選挙初挑戦の希望の党新人工藤武司は知名度不足が影響して票が伸びず、共産党新人の奥本菜保巳は浸透度がいま一つであった。2区の投票率は、52・60%に留まった。[83]

東奥日報は、新2区の選挙結果を次のように分析している。

「衆議院議長で盤石な地盤を持つ自民党前職の大島理森氏と、民進党の田名部匡代参議院議員の後継をうたう希望の党新人である工藤武司氏の争いが軸となった。組織戦を展開した大島氏が希望の失速で勢いを欠いた工藤氏を寄せつけなかった。

大島陣営は、新たに選挙区に加わった上十三地区を重視。小選挙区定数削減で今回は比例代表に回った江渡聡徳氏の地元・十和田市などで浸透が図れるか不安があった。そのため、江渡ら自民党議員の後援会や党支部と序盤から綿密に連携し、旧第3区を回る時間を減らして、上十三地区に足を運んだ。ただ、12選を目指す大物に政治経験ゼロの新人が挑む構図では有権者の関心が全般に高まらず、投票率は停滞した。八戸市では市長選、市議補選と同日選で、陣営は党推薦の市長選候補や公認の市議補選候補と連携し投票率底上げを図ったが、しかし、それは思った成果を残せなかった[84]」。

総選挙で連続12回の当選を飾った大島は、選挙事務所で「選挙中に訴えたさまざまなことに、おごらず、怠らず、しっかりとした世の中をつくる」として、喜びよりも、使命感を強調した。その上で「国民

〈図表①〉2017年衆議院総選挙の開票結果　青森三区

結果	氏名（年齢）	得票数	政党
当選	**大島　理森　（71歳）**	**133,545票**	**自・前**
次点	工藤　武司　（45歳）	56,011票	希望・新
	奥本菜保巳　（57歳）	19,004票	共・新

出典：『青森県選挙管理委員会』
https://www.pref.aomori.lg.jp/soshiki/senkan

〈図表②〉大島理森の都市別得票数

都市名	得票数
八戸市	**62,085票**
三戸郡	21,997票
上十三地区	49,463票

出典：『青森県選挙管理委員会』
https://www.pref.aomori.lg.jp/soshiki/senkan

の皆さんあっての私どもだという原点を忘れてはいけない」と決意を述べた。また、十二期目の抱負を尋ねられた大島は「新2区を回り、本県のすばらしい力を再発見した。国政の場で、それを磨き上げる支援をどのようにできるかを考えたい」、と答えた。[85]

八戸市内の結果は、大島が1万5784票増の6万2085票、工藤武司が2万8321票、奥本菜保巳が9105票の順で、大島は他候補を大差で引き離し、盤石な基盤を見せつけた。現在、八戸市選出の県議、八戸市長、および八戸市会議員はその多くが大島の系列下にあり、2区での「大島王国」の基盤は当分の間崩れそうにもない。

今回、大島の選挙公報の公約は、選挙区変更に伴い若干変化が見られた。冒頭で「ひとと地球の安全保障　今と明日への責任」を謳い、その上で、次の5点を強調。すなわち、①政治のあり方、②持続する経済成長、③生きる安全保障、④平和構築のため、⑤地球の安全保障、である。今回初めて、憲法改正や消費税10%に言及し、またパリ協定を着実に実行し「アメリカに対してもその枠組みを守るように働きかける」、という文言が目を引いた。[86]

4、おわりに

以上、大島の都合13回におよぶ衆議院総選挙の結果、勝利の背景、および「八戸戦争」の実態、並びに選挙公約の内容を検討してきた。当初は定数4という「中選挙区制」の下で、いわば身内の自民党同士の戦いをしいられた。しかし、途中から定数1という「小選挙区比例代表並立制」の下で、与野党による一騎打ちへと戦う相手が変化し、またその後、定数削減や選挙区の変更もあり、大島陣営はその対応に注力した。

振り返るなら、2009年8月30日の衆議院総選挙では、小選挙区で次点の田名部匡代との票差が367票の大接戦の末に当選した。だが、テレビの選挙速報で大島の落選が伝えられ、お詫び会見まで余儀なくされる場面もあった。しかし、それは誤報であり、いわばアクシデントだった。いわゆる「八戸戦争」の行方は、田名部が参議院に転じて当選したので、ひとまず収束した形となっている。(87)

大島が有権者に提示した選挙公約は、中選挙区制と小選挙区制時代とでは、選挙区の変動などもあって手直しをせざるを得ず、分かりにくい面もあった。ただ留意すべきは、選挙公約をみる限り、国会改革な

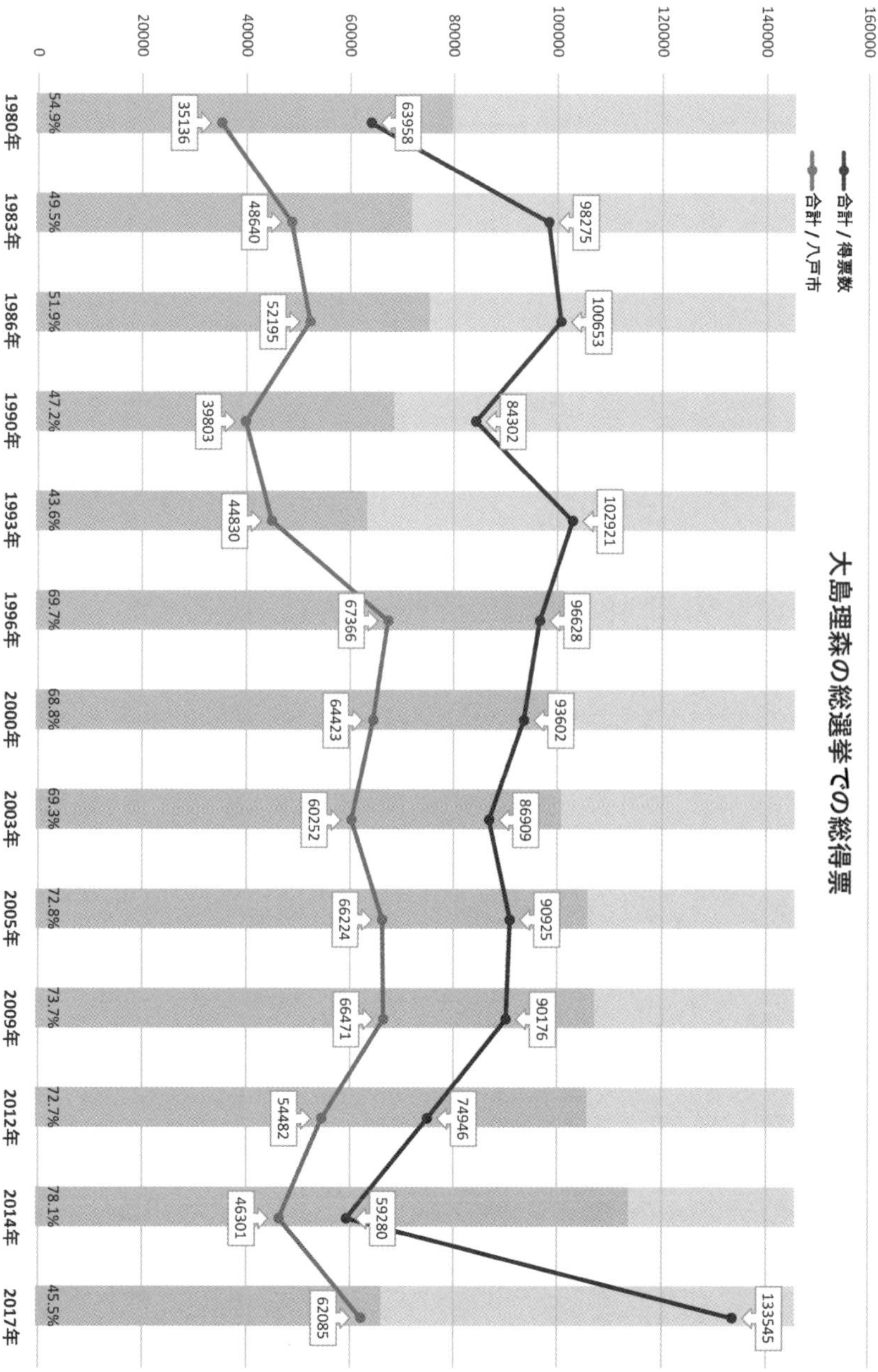

出典：青森県選挙管理委員会のデータから筆者作成。下線の%は全得票数中での八戸市の割合。

どで示したような大島の革新的立場が、必ずしも反映されていないことである。

それはともかく、後年、大島は衆議院議員に初当選した当時の思い出を、「これまでの議員生活を顧みますれば、最も感激いたしましたことの一つは、やはり初当選だったように思います。3年半の長い浪人生活を経て胸に付けさせていただきました議員バッジは実に重く、私の原点であります。」と、述懐している。(88)

とりわけ、大島にとって、1980年6月22日、衆議院総選挙に初出馬したものの、惜しくも落選した時の苦しかった状況を赤裸々に吐露しており、顔面神経痛にかかったと述べている。(89)

最後に、大島が都合13回の総選挙で手にした得票を概観しておこう。

第一は、総得票が10万票の大台に達したのは、13回の総選挙中3回にすぎないことである。第二に、八戸市の得票が総得票の中で次第に増大してきたことである。ことに、1996年代以降、得票が安定し、八戸の得票が全得票の70%台を占めるようになり、2014年には78・1%に達したのが特筆される。確かに、2017年には、十和田市を加えて総得票は倍増したので、八戸市の割合は45・5%に落ち込んだものの、大島が八戸市を完全に制覇したことを伺うことができる。第三に、2012年と14年に、総得票と八戸市の得票を大きく減らし、集票に陰りが見られたことである。それを打ち消したのが、新しい選挙区と議長就任であり、2017年には、過去最高の13万台を記録した。

《注》

(1) 「自民圧勝、単独政権へ―前職が強みを発揮」『デーリー東北』1980年6月24日。政治学者の木村良一は、次のように分析している。「津島のこの落ち込みは、新人で次点の大島に5千票差に追い詰められからである。大島は前回の熊谷票を7千票も上回り、田名部の存在さえ脅かした」（木村良一『検証　戦後青森県衆議院議員選挙』〔北方新社、１９８９年〕、２３１頁）。

(2)「自民党圧勝　単独政権へ　前職が強みを発揮」『デーリー東北』１９８０年６月24日。
(3)「激戦ドラマにピリオド　ダブル選挙あおもり」『デーリー東北』１９８０年６月24日。
(4)「大島氏善戦及ばず」『東奥日報』１９８０年６月23日（夕）。
(5)「選挙の記録」『青森県選挙管理委員会』
https://www.pref.aomori.lg.jp/soshiki/senkan
(6)木村良一『検証　戦後青森県衆議院議員選挙』〔北方新社、１９８９年〕、２３９頁。今回、大島理森の公認は問題だという意見もあったが、しかしもし、大島を非公認とすれば、大島に同情票が集まるだけでなく、中道政党の票が流れるとして、それよりは互角に戦うということで、すんなりと公認となったのである（同上）。
(7)『東奥日報』１９８３年12月19日。
(8)「自民惨敗　伯仲再現へ　―新人大島氏がトップ当選」『デーリー東北』１９８３年12月19日。
(9)「新旧交代、象徴的に」『東奥日報』１９８３年12月19日。
(10)前掲書、木村良一『検証　戦後青森県衆議院議員選挙』、２４４頁。
(11)「一区初の30代代議士」『デーリー東北』１９８３年12月19日。
(12)「選挙の記録」『青森県選挙管理委員会』
https://www.pref.aomori.lg.jp/soshiki/senkan
(13)藤本一美『戦後青森県政治史　１９４５年～２０１５年』〔志學社、２０１６年〕、２６８頁。参院選は無所属の山崎竜男（30万９１７８票）が当選、自民党候補の脇川利勝（27万２７１３票）は敗れた。
(14)『東奥日報』１９８６年７月８日、『東奥年鑑　１９８７年版』〔東奥日報社、１９８６年〕、１７２頁。
(15)「同日選―保守が衆参独占」『陸奥新報』１９８６年７月８日。
(16)『東奥日報』１９８６年７月７日（夕）。
(17)「戦い苦しかった―大島候補」『東奥日報』同上。
(18)「選挙の記録」『青森県選挙管理委員会』

https://www.pref.aomori.lg.jp/soshiki/senkan
(19)『デーリー東北』１９９０年２月19日。
(20)「青森１、２区　社会が議席奪回」同上。
(21)同上。
(22)同上。
(23)『東奥日報』１９９０年２月19日。
(24)「選挙の記録」『青森県選挙管理委員会』
https://www.pref.aomori.lg.jp/soshiki/senkan
(25)「自民３氏揺るがず―青森１区」『デーリー東北』１９９３年７月19日。
(26)「本県は自５、生１、社１」『東奥日報』１９９３年７月19日。
(27)「逆風かわし自民〝復権〟―１区」同上。
(28)「選対責任者談話」『デーリー東北』１９９３年７月19日。
(29)「決意きっぱりと―田名部さん、大島さん」『東奥日報』１９９３年７月19日。
(30)「選挙の記録」『青森県選挙管理委員会』
https://www.pref.aomori.lg.jp/soshiki/senkan
(31)『東奥年鑑　１９９８年版』〔東奥日報社、１９９７年〕、１７３頁。
(32)『東奥日報』１９９６年10月21日。
(33)前掲書、『東奥年鑑　１９９８年版』、１７３〜１７４頁。
(34)木村良一「第41回総選挙」『青森県知事選挙　付録（衆院総選挙）』〔北方新社、１９９８年〕、１５０〜１５１頁。
(35)「大島氏　全１市町村で上回る―周到な戦略が奏功」『デーリー東北』１９９６年10月21日。
(36)同上、大島自身、選挙制度改革で選挙区が変化することによる議員の不満について、東奥日報のインタビューの中で「そういうつらさ、苦しみを乗り越えることが私たちの責務だと思っている。……つらい話を覚悟して取り組んでいかなければ改革はできない」、と述べている（『東奥日報』１９９３年５月24日）。
(37)「選挙の記録」『青森県選挙管理委員会』
https://www.pref.aomori.lg.jp/soshiki/senkan

(38)『東奥日報』２０００年６月26日。
(39)『陸奥新報』２０００年６月26日。
(40)『東奥年鑑　２００１年（記録編）』〔東奥日報社、２０００年〕、82頁。
(41)『陸奥新報』２０００年６月26日。
(42)「大島氏　幅広い支持獲得」『東奥日報』２０００年６月26日。中里信男は１９８９年11月12日、市長に初当選した時、大島理森衆院議員の支援を受けており、実質的には大島派であった。八戸市長選については、藤本一美「戦後青森県の市長選挙と歴代市長②－戦後八戸市長選挙と歴代市長」『専修法学論集』第１３８号（２０２０年３月）、後に『戦後青森県の市長選挙と歴代市長』〔北方新社、２０２１年〕に収録を参照されたい。
(43)「連続当選」『東奥日報』２０００年６月26日。
(44)「初陣　田名部氏が健闘」『東奥日報』２０００年６月26日。
(45)「選挙の記録」『青森県選挙管理委員会』
https://www.pref.aomori.lg.jp/soshiki/senkan
(46)『東奥年鑑　２００５年（記録編）』〔東奥日報社、２００４年〕、25頁。
(47)藤本一美『日本政治の転換　１９９７年～２０１３年』〔専修大学出版局、２０１４年〕、80～81頁。
(48)『陸奥新報』２００３年11月10日。
(49)前掲書『東奥年鑑　２００５年（記録編）』、25頁。
(50)木村良一「第43回　衆議院議員総選挙・２００３年（平成15年）11月９日実施―小泉政権誕生と〝マニフェスト〟選挙」『青森中央学院大学研究紀要』第17号（２０１１年９月）、１００、１０１頁。
(51)『東奥日報』２００３年11月10日。
(52)「青森　自民４選挙区独占」『デーリー東北』２００３年11月10日。
(53)「大島氏〝草の根〟奏功」『東奥日報』２００３年11月10日。
(54)「大島さん　逆風はね返す」『デーリー東北』２００３年11月10日。
(55)「選挙の記録」『青森県選挙管理委員会』
https://www.pref.aomori.lg.jp/soshiki/senkan
『共同通信社』が実施した出口調査では、大島が町部で６割近くの支持を固めた一方、都市部では田名部が５割を固めた。また、田名部が20代から40代まで5割台の支持を集めたのに対し、大島は60代で5割、70代で6割を固め、50代は支持を分けた。田名部は男性の支持が多かったが、大島は逆に女性の支持が多かった（「無党派　民主の原動力に―衆院選の出口調査を分析」『デーリー東北』２００３年11月10日）。

(56) 前掲書『日本政治の転換　１９９７年～２０１３年』、92～96頁。

(57) 『東奥日報』２００５年９月12日、『陸奥新報』２００５年９月12日。

(58) 『デーリー東北』２００５年９月12日。

(59) 同上。

(60) 「大島氏　引き締め奏功―田名部氏〝草の根〟実らず」『東奥日報』２００５年９月12日。

(61) 「三区―緩み警戒　組織がっちり」同上。

(62) 「選挙の記録」『青森県選挙管理委員会」 https://www.pref.aomori.lg.jp/soshiki/senkan

(63) 「３区大島氏９選」『デーリー東北』２００９年８月31日。

(64) 前掲書『日本政治の転換　１９９７年～２０１３年』１２９～１３０頁。

(65) 『東奥日報』２００９年８月31日。

(66) 「大島氏、劣勢をはね返す―田名部氏　悲願あと一歩」『デーリー東北』２００９年８月31日。

(67) 「薄氷　大島さん破顔―敗戦の弁一転　喜び爆発」同上。

(68) 「選挙の記録」『青森県選挙管理委員会』 https://www.pref.aomori.lg.jp/soshiki/senkan
ちなみに、東奥日報が実施した出口調査によれば、年代別で20代～60代までは、田名部が大島を上回り、70歳以上では大島が田名部を上回った。地域別では、田名部が八戸市でややリードし、大島苦戦の要因となった（『東奥日報』２００９年８月31日）。

(69) 藤本、前掲書『日本政治の転換　１９９７年～２０１３年』、１５４頁。

(70) 『デーリー東北』２０１２年12月17日。

(71) 『東奥日報』２０１２年12月17日。

(72) 木村良一「第46回衆議院議員総選挙：２０１２年（平成24年）12月16日実施：民主党政権の野田「近いうち解

散、選挙による自民党政権復帰」『青森中央学院大学研究紀要』第21号（2013年9月）、70頁。
(73) 「自民大国　盤石の戦い―大島氏　組織フル回転」『デーリー東北』2012年12月19日。
(74) 『東奥日報』2012年12月18日、『デーリー東北』2012年12月17日。
(75) 「選挙の記録」『青森県選挙管理委員会』
https://www.pref.aomori.lg.jp/soshiki/senkan
東奥日報は、田名部敗退の要因を次のように分析している。「民主党への逆風は堅い地盤を持つ田名部氏にも暗い影を落とした。3区内の複数の政治関係者は、田名部の基礎票を7万前後と推定しているが、投票率の低下により、2009年の衆院で上乗せした浮動票がそぎ取られ、さらに前回まで田名部氏に投じられていた票の一部が、山内氏に流れたとみられる」（「大島氏　底力見せる―民主への逆風　田名部氏に」『東奥日報』2012年12月19日）。
(76) 『東奥日報』2014年12月15日。
(77) 同上。
(78) 「大島氏引き締め奏功　―田名部氏追い上げ及ばず」『デーリー東北』2014年12月15日。
(79) 「決意〝もっと地方に光〟―3区　大島さん」『東奥日報』2014年12月15日。共同通信社は、県内4選挙区で、「出口調査」を実施。3区では、自民党の大島が同党支持層の89・1％、公明党支持層の71・4％を固めた。民主党の田名部匡代（4万9142票）は同党の93・9％をはじめ、維新支持層の60・0％、社民党支持層の66・7％が支持し、野党連携の一定の効果があった。共産党の松橋三夫（7311票）は、同党の64・1％が支持した、という（『陸奥新報』2014年12月15日）。
(80) 「選挙の記録」『青森県選挙管理委員会』
https://www.pref.aomori.lg.jp/soshiki/senkan
(81) 『東奥日報』2017年10月23日。
(82) 同上。
(83) 同上。
(84) 同上。
(85) 「衆院選　〝おごらず、怠らず〟決意」『デーリー東北』2017年10月23日。

(86)「選挙の記録」『青森県選挙管理委員会』
https://www.pref.aomori.lg.jp/soshiki/senkan
(87)大島理森は、田名部匡省と匡代親子との間で「八戸戦争」を繰り広げ市政界を二分してきた。八戸戦争では、当初田名部匡省が勝利を収め、それに大島が挑戦する形で議席を奪ってきた。その間に、田名部は参議院に転出し、娘の匡代と大島との闘いとなった。一時は、匡代が大島を鋭く追い詰めた場面もあったが、大島の牙城を崩すことができなかった。田名部匡代の方は、その後、2016年6月、参議院選へくら替えし当選した。現在では、約30年続いた〝市政地図〟も塗り変わりつつある（「八戸市政界　構図変わるか」『デーリー東北』2013年12月17日）。八戸戦争については、藤本一美『戦後青森県の政治的争点　1945年～2015年』（志學社、2018年）、第六部第1章を参照。
(88)『18年目の報告書―国政への挑戦』（大島理森事務所、2001年）。大島は『18年目の報告書』の中で、「昭和58年11月、待ちに待った衆議院の解散が行われました。長い浪人生活でした。できるだけの準備を整えての選挙戦でした。〝これで駄目ならば諦めよう〟と決意しての立候補でした。私にとりまして、その総選挙はまさに背水の陣だったのです。
そして大変多くの方々の力強いご支援により、12月18日に行われました総選挙でトップ当選を果たすことができました。信じることの、そして報われることの喜びを全身で感じた瞬間です。37歳、国会議員としての第一歩となった日でもあります」、と選挙の厳しさを回顧している。
(89)同上。

第五章　自民党国会対策委員長、衆議院予算委員会委員長：大島理森

予算委員会で野党議員に注意する
大島理森・予算委員会委員長

出典：『夕刊フジ』2015年３月５日

1、はじめに

大島理森は、自民党の公認を得て衆議院総選挙で当選すること実に12回、およそ38年近くの長期間、衆議院議員を務めてきた。この間に大島は、国会で野党への巧みな交渉術を駆使して多くの法案を処理してきたのだ。そのため、大島は予算委員会委員長や議院運営委員会委員長をこなしてきた一方、自民党内では、国会対策委員長、幹事長、および副総裁などの要職を歴任した。大島はまた、その政治的力量を買われて、環境庁長官、文部大臣兼科学技術庁長官、農林水産大臣に就任。最後は、衆議院の議長まで上り詰めた。周知のように、大島は現職中「発言する議長」として存在感を一層強めたことで知られている。

本章の課題は、永田町の国会における大島理森の議員活動を検討することである。最初に、自民党の国会対策委員長、次いで国会の衆議院予算委員会委員長としての大島の活動ぶりを取り上げる。与野党間のイデオロギーを超えて広く人脈を築き、いわゆる〝信条と握りの政治家〟という異名をとった大島にとって、国会運営を軌道に乗せるための交渉術とはいかなるものなのであろうか、本章ではその一端を紹介する。

2、自民党国会対策委員長

大島は、衆議院議長に就任する前に自民党の国会対策委員長（以下、国対委員長と略す）を二度も務めるなど、通算在任記録は１４３０日に達し党歴代2位を誇った（第1位は、森山裕）。永田町周辺に馴染みのある人びとにとっては常識であると思われるが、最初に、国会対策委員会の仕組みと役割を簡単に紹介しておく。

国会対策委員会とは、各政党内に設置している「非公式の機関」のことをいう。法案の審議や本会議の議事進行などはすべて、国会の議院運営委員会で正式に決定される。だが、その正式決定に至るまで交渉を取り仕切るのが各党の国会対策委員会の役割であり、その最終責任者が国対委員長に他ならない[(1)]。つまり、国会対策委員会とは、国会の正規の機関ではなくて、国会の運営を政治的に折衝する組織であって、各党が任意に設置しているものだ。いわゆる「１９５５年体制」の下で、自民党と社会党との両党主導の国会運営の時には、国会対策担当者間の裏折衝で法案処理のお膳立てができた。その際、カネも流れ、不明朗で不透明な政治の典型として〝国対政治〟だと批判されていた[(2)]。

いわゆる国対政治においては、各党間の交渉のプロセスが表面に出ない。だから、「密室政治」だと批判を受けたのである。国会で法案審議の進め方などをめぐり、与野党が対立して結論が出ない場合に、各党の国対委員長が調整に乗り出し、委員長会談を設けるのである。[3]

自民党の場合、党総裁は党則上、国対委員長人事には直接関与しない。ただ、総務6名の指名権限を背景に国会の委員長の人事に影響を有し、国対委員長指名権限を持つ幹事長も総裁の意向を尊重せざるを得ない。新内閣の発足や内閣改造時に役員人事が行われ、その際、「党七役」(幹事長、総務会長、政調会長、国対委員長、広報本部長、参院議員会長、および参院幹事長)の一つのポストとして、国対委員長が各派閥のバランスや要求を考慮に入れて、総裁や党内主流派の意向で人選されるのである。

自民党の国対委員長職は、法案の行方をめぐる国会での修羅場に対応する自民党の裏方を預かる最重要ポストである、といってよい。だから退任後も、その功績を認められ、党三役や閣僚級のポストなどで処遇される場合が少なくない。また、国対委員長を歴任した者は、国会対策を通じて与野党に太いパイプを築き上げることが出来るので、その後も政局の節目、節目で影響力を行使することになる。また、あまり知られていないが、各党の国対委員がたむろする国会内の部屋は永田町の中心である、といわれる。何故なら、国対には永田町と霞が関のすべての情報、権力、およびカネが集まるからだ。[4]

大島はこの自民党の国対委員長職を2000年12月から2002年9月と2007年8月から2009年9月の二度にわたって務めあげたのである。特に、第一次安倍内閣や福田内閣時代には長期間にわたり、自民党の国対委員長職をこなし、与野党の勢力が衆参で異なる、いわゆる「ネジレ国会」の下で政治的力量を発揮するなど、名国対委員長だったとの誉れが高い。

大島は、国会対策畑を長く歩み、国対委員長を務めあげて、与野党に細かく張りめぐらせた人脈を持つことで知られるようになり、自民党国対委員長の在任記録1430日は党歴代2位（1位は森山裕の1534日）を誇った。国対委員長時代、大島は「49％を相手に譲り、51％勝って国会審議を前に進める」の が持論であって、義理人情を大切にする政治交渉術を得意とした。そのため、永田町では〃握りの大島〃という異名をとった[(5)]。

特に、大島の手腕に注目が集まったのは、2007年の第一次安倍改造内閣の下で自民党の国対委員長に再登板して以降である。衆参の与野党勢力が異なる「ネジレ国会」で野党幹部と密談を重ね、与野党が激突した2008年の〃ガソリン国会〃を無事に乗り切ったからである。

大島国対委員長は、こわおもての顔つきから、党の若手議員から「顔が怖い。政党支持率を下げる」と揶揄されたこともあった。しかし、それを逆手に取って、盟友で新潟県出身の漆原良夫・公明党国対委員長と〃悪代官〃〃越後屋〃コンビを結成したことで有名である[(6)]。

ただ、大島国対委員長については、野党への配慮が目につきすぎて「小心者だ」（参議院自民党幹部）と評する向きもないわけでない。大島は能弁なわりに、肝心のところでは口が堅く「番記者泣かせ」の顔も持つ、とされている[(7)]。

大島自身は、国対委員長の役割について、「国対委員長は党の国会運営の責任者でありまず幹事長を補佐するポストでありますが、多忙を極める幹事長に成り代わり、国会運営を取り仕切ることが任務とされています。毎朝、正副委員長会議を開いて情報交換や段取りの打ち合わせを行い、政府や与党提出法案の早期成立を図ることが重要な仕事とされています。与野党間で協議が暗礁に乗り上がれば、調整を図ることも求められます。かつて国対を〃国会運営の潤滑油〃と称された方がいましたが、なるほど言い得て妙かもしれません」、と解説している。[8]

国会対策担当者は、自らを天ぷら揚げに例えるという。それは、法案というネタをいかにしてうまく揚げる（＝成立させる）かが問われるからだ。大島国対委員長に定着する評価は〃優れた揚げ手〃である。大島は実際には交渉が巧みであるというわけではなくて、与野党の議員との間で、じっくりとした話し合いの中から、独自の人脈を築いてきた。その背景にあるのは、相手が納得するまで話を聞くという姿勢と情に他ならない。それが与野党の議員の間で信頼を得てきた「原点（プロトタイプ）」となっている。

大島は自民党内で長らく国対委員に就任し、その手腕は証明済であった。例えば、大島が副委員長を務めていた時に、国対委員長だった古賀誠は、野党に対する大島の交渉手腕を目にして「国会運営の裏も表も知る職人」だと、高い評価を与えている。[9]

国対委員長の時代には、大島は野党に対して一定の活躍の舞台を設けて顔を立ててやった。それが、大島流の国会対策の手法であった。実際、大島国対委員長は、「与党の国対委員長は、衆院解散までの日程を逆算し、どのタイミングで法案の審議を始め、どこで野党に抵抗してもらうかシナリオを描く。与党が譲歩する場面も最初から作っておけば、法案は計画通りに進む」、と対野党交渉の秘訣を披露している。[10]

また、大島が議長時代には、与野党を問わず多くの議員が大島のもとに駆け込んだが、それには理由がある。それは、大島が〃悪代官〃と呼ばれていた自民党国対委員長時代の実績と相手が納得するまで話を聞く真摯な姿勢が、党派を超えて厚い信頼と結びついていたからであろう。[11] その意味で、大島はいわば「国対族」であったといえる。

3、衆議院予算委員会委員長

予算委員会は、国民にもなじみが深い。それは国の予算の審議と議決を行なうための常任委員会で、衆参両院に設置されている。予算にかかわるすべての分野が審議の対象であり、広範な議論が行なわれるため、〝花形委員会〟ともいわれる。実際、予算委員会での審議の模様はテレビ中継されるし、与野党ともに論客といわれるベテラン議員を配置している。自民党内では、予算委員長は大臣に準じる地位とされているほどである。[12]

予算委員会の所管事項は端的に「予算」とだけ定められ（衆議院規則92条・参議院規則74条）、内閣が提出する予算案の審議を行うことが基本的な役割である。だが、予算は一年間の国政の在り方を決めるものであり、しかも予算案の作成と予算の執行は内閣の責任の下で行われるため（日本国憲法第73条）、単に予算の内容に限らず、広くその執行主体である内閣の政策方針や行政各部に対応し、さらに閣僚の資質の問題などが問われ、結果的に国政のあらゆる重要事項についての審議が行われるのが、大きな特徴である。[13]

今日では、予算委員会は本会議、党首討論と並んで国会審議の花形として知られ、他の委員会に比べるとテレビ中継が行われる機会が多い。時期としては、通常国会前半の1～3月に本予算の審議として集中して開催されるのが一般的で、また、補正予算等の議決が必要な場合の他に、特に予算の議決を経る必要がない場合でも「予算の執行状況に関する調査」といった名目で開催される。[14]

大島は、この重要な衆議院予算委員会の委員長職を、2005年11月1日から2006年9月と2014年9月29日から2015年4月の二度にわたって務めあげたのである。一回目は、第三次小泉改造内閣の時であり、二回目は、第二次安倍二次改造内閣の時だ。

ことに、大島予算委員長の力量が遺憾なく発揮され、注目を集めたのは、後者の2014年9月、予算委員会の委員長に二度目に就任した以降のことである。実際、「政治とカネ」の問題をめぐって応酬が繰り広げられる衆議院予算委員会で、大島委員長の議事進行手腕が注目を集めた。いかつい風貌から〝悪代官〟という異名を持つ大島委員長だが、ヤジや不規則発言を絶妙なタイミングでいさめる「名裁き」を披露し、独特の存在感を発揮した。[15]

例えば、大島予算委員会委員長は、ある場面において、南部弁で「答弁者がしゃべっているときに、こんなことをやらない！　ね？」、とつぶやいた。それは、2015年3月3日、午前の衆議院第1委員室でのことで、大島予算委員長は、机をドンとたたいてみせながら、民主党の辻元清美・政調会長代理に諭すように語りかけたのだ。大島委員長の苦言は、安全保障法制をめぐる横畠裕介・内閣法制局長官の答弁の折に、机をたたいて発言を催促した辻元議員をたしなめたものである。だが、辻元議員の方は「委員長もときどき、やる（＝机をたたく）じゃないですか」と反論した。しかし、大島委員長は「委員長の権限でやっている」と切り返した。舌鋒鋭い追及が持ち味の辻元議員も「失礼しました」と矛を収めるほかなかった。

また当日には、中谷元防衛相が、答弁中に口をはさんできた辻元議員の不規則発言に受け答えをしてしまう場面があり、大島予算委員長から「勝手に会話をするのはやめなさい！」と、絶妙なタイミングで一喝され、閣僚や委員から爆笑がわき起こる場面もあった。[16]

安倍晋三首相は、内閣支持率が50％台に高止まりしていた2014年9月の段階で、何故大島をあえて二度目の衆議院予算委員会の委員長に据えたのであろうか？　それには次のような理由があった。

その答えは、今回の予算委員会の質疑者に並んだ「民主党オールスターズ」の顔ぶれにある。質問者として、民主党の元国対委員長の山井和則の他に、枝野幸男・幹事長、岡田克也・代表代行、および前原誠司・元外相や辻元清美・元国土交通副大臣など、名だたるうるさ型がズラリと並んでいたからである。

民主党の海江田万里代表は、通常国会で答弁の甘さが目立った安倍内閣への攻撃を強めるため、委員会人事を大胆に刷新したのだ。このような状況の中で、大島予算委員長は野党の追及が強まるのを考慮し、他の閣僚に質問を分散させ、野党の攻撃の芽をそれとなく摘んだのである。これが、安倍首相をして大島を衆議院予算委員会の委員長に起用した真意であった、とされている。[17]

こうして国会の予算委員会運営の場において、大島は〝永田町の寝業師〟という別の異名をいただいた。それは、大島の政治手腕に注目が集まったからだ。例えば、2014年10月3日の衆院予算委員会で、大島予算委員長は「委員長の指名があってから、立ってしゃべりなさい」と閣僚の答弁を遮って大声をあげる、民主党の山中和則議員を叱責している。それは、まさしく大島予算委員長の神通力が、効力をあげた一瞬であった。これを見た、安倍首相の側近たちは「早速、〝裏国対委員長〟にお世話になった」、と大島を持ち上げたのである。[18]

以上、大島が国対委員長および衆議院予算委員長として、国会運営で真価を発揮した一コマを紹介し、大島が示した政治家としての巧みな采配の一端を紹介した。

4、おわりに

既述のように、大島は野党に対する交渉が評価されて、国対委員長に再度就任した。また、その能力を買われて、衆議院の予算委員長も務めた。予算委員会は委員会の中でも〝花形委員会〟の一つで、各党とも論客を立てて、政府を批判のやり玉にあげて喝采を浴びる場面を目にする。それだけに、予算委員長はその運営につき、公正な綱裁きを要求されるし、多大な神経を払わざるを得ない。その予算委員会の委員長職に大島は、二度にわたり就任したのである。それは、大島の委員会運営が群を抜いて巧みであったからにほかならず、「名采配」の予算委員長だと評判を得たのは、大島自身の政治家として他人に対する〝情愛と人間性〟が滲み出ていたからであろう。[19]

付言すれば、大島が国対委員長として評価されたのは、「たぐい稀な政治力、我慢強さ、論理的な行動が氏の持ち味と言われる一方で、辛い場面で虚勢を張ったり、情にもろく、熱くなりやすいという人間臭い一面」を持ち合わせていたからだ、と思われる。それが、予算委員長としての采配の時に十分に生かされたわけである。[20]

《注》

(1) 時事通信社政治部監修『図解　国会の楽しい見方』〔東京書籍株式会社、２０１８年〕、27～29頁。一般に、国会対策は「本部」、議院運営委員会は「出先」であるといわれる。それは、国対委員長会談などで話し合いがついた案件を議院運営委員会で後に正式に確認して執行するからである。大島は国対委員長に就任する約2年前に、44歳の若さで議院運営委員会の委員長に就任している。

(2) 大山礼子『国会学入門』〔三省堂、２００３年〕、41～42頁。「「国対委員長」と国対政治・基礎知識［社会ニュース］All About」https://allabout.co.jp/gm/gc/293609

(3) 同上。自民党の国会対策委員長の経験者は、国対委員長の条件を次のように挙げている。①国会法や先例、先例集について知識をもっていること、②衆参両院を展望する目をもっていること、③各政党間の人脈を把握しておくこと、④どのような予算案、法案、条約が提出されるかを把握しておくこと、⑤法案に軽重の順位を定め、優先すべき重要法案を見極めること、⑥各委員会の人事構成、とくに委員長と理事の配置に気を配ること、⑦各党の勢力分布を常に念頭においておくこと、⑧約束したことは守るため党内の調整をはかること（浅野一郎編『国会入門』〔信山社、２００３年〕１２９～１３２頁、清野正哉『国会とは何か―立法・政策の決定プロセスと国会運営』〔中央経済社、２０１０年〕、１７８～１７９頁）。

(4) 「国対政治」 note.masm.jp/%B9%F1%C2%D0%C0%AF%BC%A3
霞が関の官僚にとって、最も重要なことは、自らが作った法案である。法案により、権限を獲得し、仕事を増やし、予算を獲得するのである。この法案を通すか、継続扱いにするのか、その官僚を生殺しする権限を握っているのが、自民党の国会対策の部屋で、そのトップが国対委員長である（「永田町25時　海部、高村を越えられるか　国対族「大島理森」大化けチャンス」『VERDAD』２００１年1月号、20～21頁）。

(5) 「与野党に広げた人脈を誇る　大島理森衆院予算委員長　存在感増した男の〝表と裏〟」『THEMIS』（２０１４年11月）、51頁。

(6) 「〝きょうの人〟大島理森さん（68）―新衆院議長は義理人情の〝握りの大島〟」『産経新聞』２０１５年４月22日。

(7) 「ガソリン国会も気配り」『読売ウィークリー』（２００８年２月３日）、27頁。

(8) 大島理森『18年目の報告書―国政への挑戦』（大島理森選挙事務所、２００１年３月）。

(9) 「虎視眈々　情で人脈　国会改革仕掛人」『朝日新聞』１９９９年11月23日。
(10) 「与野党に広げた人脈を誇る　大島理森衆院予算委員長—存在感増した男の〝表と裏〟」前掲書『THEMIS』、51頁。
(11) 「〝元悪代官〟は〝今も悪代官〟！～与野党に喝を入れる大島」
https://www.fnn.jp/posts/00410080HDK
大島は、立憲民主党の国対委員長であった辻元清美議員に、野党がコンセンサスを得る場合、次のようにアドバイスしている。「とにかく顔を合わせることだよ。お茶を飲むだけでいいから、しょっちゅう雑談をするんだよ」と諭している（辻元清美『国対委員長』〔集英社新書、２０２０年〕、39頁）。
(12) 「予算委員会」『平凡社　大百科事典　第15巻』〔平凡社、１９８５年〕、２０２頁。
(13) 同上。
(14) 同上。
(15) 「与野党に広げた人脈を誇る　大嶋理森衆院予算委員長　存在感増した男の〝表と裏〟」前掲書『THEMIS』、50頁。他の委員会同様、予算委員会も事前に「理事会」や「理事懇談会」で準備万端、質問取りや質問通告もあり、シナリオが整っている。質問する議員と答える閣僚は一種の演技者だ。
(16) 「「悪代官」から「名奉行」に？　大島理森・衆院予算委員長、仕切りが与野党から好評」『夕刊フジ』２０１５年３月５日。
(17) 「天鐘」『デーリー東北』２０１５年４月22日。
(18) 「与野党に広げた人脈を誇る　大島理森衆院予算委員長—存在感増した男の〝表と裏〟」前掲書『THEMIS』、50頁、「衆院・常任委員長の横顔　環境委員長　細川律夫、議院運営委員長　大島理森、懲罰委員長　池端清一、国家基本政策委員長　小里貞利」『月刊官界』26（６）、２０００年６月、４頁。
(19) 同上。
(20) 同上。

第六章　国務大臣：大島理森

農林水産省（中央合同庁舎第１号館）

写真：筆者撮影

1、はじめに

大島理森は青森県の八戸市を主な選挙区としており、衆議院総選挙で勝利すること連続12回を誇る。その間に、自民党の国対委員長、幹事長、副総裁を務めた一方、国務大臣（以下、単に大臣と略す）の職を三度も経験している。すなわち、一度目は、衆議院議員当選四期目の1995年8月8日、村山富市内閣の下で環境庁長官に、二度目は、当選五期目の2000年7月4日、森喜朗内閣の下で文部大臣兼科学技術庁長官に、そして三度目は、当選六期目の2002年9月30日、小泉純一郎内閣の下で、農林水産大臣に就任した。

大島が最初に環境庁長官に就任したのは48歳の時で、次いで文部大臣兼科学技術庁長官に就任した時は53歳の時であり、そして最後に農林水産大臣に就任した時でも56歳にすぎず、比較的若い時代に閣僚を経験している。それだけ、大島の国会における政治家としての交渉と活動が顕著であったということであろう。[(1)] 本章では、都合3回にわたり大臣に就任した時の大島の言動を紹介、在職中に大島大臣がどのような実績をあげたのか、また、それがかなわず、農林水産大臣を何故、辞任するに至ったのかを検討する。

2、環境庁長官

既述のように大島は1995年8月8日、村山内閣の下で、環境庁長官に就任。衆議院議員に当選して11年余り、大島は初めて入閣を果たしたのだ。それは、大島が弱冠48歳の時で、戦後生まれの最年少大臣だと話題となった。だから喜びもひとしおで、大島はその時を振り返り、次のように述べている。

「当選4回で就任させていただきました環境庁長官としての一番の思い出は、何よりも水俣病問題を解決に導くことができたことです。任命されました際、当時の村山首相より〝とくに水俣病問題を〟と要請され、これに全力で取り組ませていただきました。経済成長が戦後日本の正の側面であるとしますならば、公害問題はまさに負の側面になります。これを早期に解決することこそ、わが国の環境政策の新しい第一歩になると考え、患者の方々をはじめ、関係者と粘り強く交渉し、合意を得ることができました(2)」。

大島が環境庁長官として水俣病問題を解決に導いた経緯を、朝日新聞は次の様に詳細に紹介しており、

「政治家」大島の労を多として評価している。

「首相の村山富市が直ちに厳命したのは水俣の未確認患者への補償問題の決着だった。大島は組閣の翌朝、水俣市長の吉井正澄に電話を入れた。〝地域の人の願いを出来るだけ尊重しながら問題を解決したい〟と。政府・与党が補償案を詰めるなか、大島は患者団体のひとりと福岡市のホテルでひそかに会った。政府が譲れる範囲には限界があり、患者団体の思いとの隔たりは大きい。大島が心を砕いたのは情を尽くすことでその溝を埋めることだった。1ヵ月後、関係団体が与党案の受け入れを決める転換点となった会合だった。同席した吉井は大島の様子を見て今でも思い出す。政府ができる範囲を明快に示しながら誠実に話し合いをした。説得力があった」。

〝「政治は一つ一つの人間関係を刻んでいくアナログだ」〟。大島がよく口にする言葉だ。向き合う相手にてらいなく「情」で接する。それは〝抱き込み〟とも呼ばれる国対の手法にも通じる。未確定患者の補償問題決着の決め手となったのも〝情〟だったと考えられている[(3)]」。

大島自身、水俣病患者への対応と経緯について、大島後援会発行の『MORY EXPRESS』(1997年)の中で次のように認識を示している。

「その年の9月はじめ、秘密裡に、現地に飛び、ある患者団体のリーダーとお会いしました。〝皆様はニセ患者ではありません。そのことを基本にして解決に全力をつくさせて下さい〟と申し上げましたとき、リーダーの皆様は涙して〝その言葉を長い間、待っていました〟と答えてくれたことを、今でも鮮明に憶えております。何故、今まで政治の場でその言葉を発することができなかったのか。まず反省することから問題解決を図らねばと決意したのであります。皆様のご理解を頂いて、解決への道程をつけさせて頂きました。公害問題の原点といわれたこの問題は、私に、環境問題は人権問題であること。生存に関する問題であることを教えてくれました[4]」。

大島は以上の点を敷衍する形で、『18年目の報告書―国政への挑戦』（２００１年）の中でも水俣病患者の解決手法について、次のように述懐している。

「政府が水俣病を公害と認定しましたのは、昭和43年のことです。その後、行政の責任を認める判決が相次いで出されましたが、いわゆる未認定患者の問題もあり、話し合いは難航を極めました。それまでの経緯をつぶさに調べ、関係者からの率直な意見を聞くにつれ、〝何とか和解を実現したい〟との思いがますます強くなりました。

水俣病問題で私自身が決めました原則は、これまでの見方ですとか、固定観念にとらわれないことでした。和解をもたらすためには、国も県も、そして患者の方々にも譲歩を求める必要がありました。歴史の積み重ねは尊重しなければなりませんが、共生の観点から新しい歴史の1ページを開くためには、関係者の妥協と協力が不可欠だったのです。

私はなるべく多くの方々に直接お目にかかり、率直なご意見を拝聴させていただきました。熊本県や水俣市の方々はもとより、患者の方々にも積極的にお会いしました[5]」。

周知のように未認定患者の救済をはじめとする水俣病問題は、この後、与党合意を経て政治決着が図られた。水俣病発見から何と40年目のことである。環境庁長官として大島の在職期間は村山内閣の総辞職で半年足らずに過ぎなかったとはいえ、大島はこの問題解決に全力で取り組んだのである。大島にとって、それまで馴染みの薄かった〝環境〟であったが、内閣の懸案事項であった水俣病問題を解決に導くという大仕事をやってのけたのである。[6]

確かに、一時金の上乗せ決着という解決策そのものの評価は分かれる。しかしである。もつれた糸を解きほぐし、光明を見いだすのは、政治のだいご味であり、水俣病未認定患者の救済は、大島にとって、政治家としての「出発点（スタート）」となった、といってよいだろう。[7]このように、課題に素早く対応し、相手に出来ないことと出来ることを正確に伝え、かつ心情を通じて根気よく交渉する姿は、国会の場でも生かされることになる。

3、文部大臣兼科学技術庁長官

大島理森は、環境庁長官を退いてから5年後の2000年7月4日、森喜朗内閣の下で、今度は文部大臣兼科学技術庁長官として入閣した。衆議院議員当選6回、政治家として円熟した大島53歳の時である。大島は文部大臣兼科学技術庁長官として、21世紀を担う子供たちの育成と科学技術の振興を目指すことになったのだ。二度目の入閣を果たした大島は、「激動の時代の内閣の仕事であり、非常に緊張している。何よりも県民の思いを裏切らないよう努力する」と重責を担う決意を語っている。(8)

先に紹介した『18年目の報告書―国政への挑戦』の中で、大島は文部大臣時代の活動を次のように述べて、職務に対する意気込みを示している。

「文部行政の守備範囲は多岐にわたりますが、最も重要な分野は教育です。ちょうど私が就任する前から、少年犯罪の凶悪化が問題になっておりました。いわゆる〝心の教育〟の問題を含め、戦後教育の歪みや軋みを見直すため、教育改革が内閣の最重要課題に掲げられ、私はその担当大臣として取り組むことになりました。

大臣に任命されました際、森首相より教育改革の筋道をつけるよう指示を受けました。教育改革国民会議の議論を政治のスケジュールに乗せ、筋道をつけることが使命でしたし、そのことに多少なりとも貢献できたと思っております。

もとより教育制度の見直しは、一朝一夕に結論を出せる問題ではありません。〝教育は国家百年の計〟と申しますように、十分な議論を経なければならないものです。初等・中等教育だけではなく、高等教育の問題も同様だと考えております。また、大学改革は、競争と開かれたシステムをいかに導入していくかが、これからの大きな課題として位置付けられます。

限られた時間でしたが、文部大臣として多少なりとも二十一世紀の教育のために役立つことができたと思っております。少人数指導の実施、家庭教育の充実、奉仕活動や体験活動の促進、教育委員会の活性化などが挙げられます[(9)]」。

一方、兼務した科学技術庁長官について大島は、「私の在任中、新科学技術基本計画を誕生させ、〝知の創造〟の指針を策定いたしました。二十一世紀は科学技術の競争の時代であります。これまでの政策をさらに強力に推し進め、国を挙げて努力を重ねていかなければなりません」と指摘。

その上で、「一方、原子力をめぐりましては、私の就任前の出来事とはいえ、東海村の痛ましい事故の余韻が残っておりました。エネルギーとしましても、また他の研究開発にとりましても、原子力は不可欠ですが、安全管理を徹底した上での平和利用の推進は不可欠であるとの立場から、陣頭指揮にあたりました」、と結んでいる[(10)]。

ちなみに、大島は文部大臣時代に三つの懸案事項を片づけたと評価されている。それは第1に「内閣の最重要課題であった教育改革では、教育改革国民会議の最終報告を受け、関連法案の提出に段取りをつけた」こと。第2に、「旧石器発掘『捏造』問題では、考古学会に対し、疑問符がついた旧石器時代の遺跡について学術的な検証作業をするように指導した」こと。そして第3に、「産経新聞がキャンペーン報道した〝中国からの教科書検定への圧力〟問題については、検定審議会委員の野田英二郎・元駐インド大使を「教科用図書検定調査分科会」から教科書の価格を調べる「教科用図書価格分科会」に配置換えしたことである。[11]

4、農林水産大臣

大島は、文部大臣兼科学技術庁長官を退いた1年半後、当選六期目の２００２年9月30日、小泉純一郎内閣の下で農林水産大臣（以下、農相と略す）に就任した。大島にとって三度目の入閣であり、政治家としてすでに円熟の域に達した56歳の時である。

小泉改造内閣で、新たに入閣したのは6人、その中で唯一重要閣僚である農相に就任したのが、自民党の国対委員長を務めていた大島だった。一般に、衆議院議員当選6回で三度目の入閣は異例のことであって、国対委員長として「スキャンダル国会」を乗り切った政治手腕を小泉首相が高く評価したのであろう。大島の農相就任は改造の目玉であり、与野党に幅広い人脈を有し、将来の総理・総裁の一人だと目されていた。[12]

晴れて農相に就任した大島は、全国農政協会長の酒井研一との対談において、農相就任の決意を次のように披露しており、大島の高揚感が伝わってくる。

「このたび内閣改造で農林水産大臣を拝命しました。小泉内閣は将来にわたり安心できる社会の構築に向けて〝改革なくして成長なし〟との路線を推し進めており、私はその一員として農業の構造改革を成し遂げる所存です。一方、私は常々、農業・農村は人間にとって生きる基である〝食〟を支えるとともに、コミュニティーを通じて、歴史・文化のオリジナリティーを生み出すという重要な役割を果たしていると強調してまいりました。いずれにしても21世紀のしっかりとした農業の姿をつくるため、政策の前進に全力を尽くしてまいる決意ですので、よろしくお願い申し上げます[13]」。

しかしである。留意すべきは、大島が農相に就任して1ヵ月もたたない10月16日に、『週刊文春』誌上で青森県の八戸市内の公共工事に絡み、大島の政務秘書官が数千万円の口利料を得ていた疑惑が赤裸々に報道されたことである[14]。

この時は折しも、大島農相は外遊中で、帰国後、直ちに在京記者団の取材に応じ、政務秘書官を10月17日付けで辞めさせたことを明らかにした一方、「小泉総理から〝身をただして職務に精進してほしい〟と言われた」と述べて、自らの辞任の可能性を否定した。また、疑惑については〝監督責任の立場がある。事実関係を解明しなければならない〟と事実関係を今後精査する考えを重ねた[15]。

だが、この問題はその後、国会で長期にわたり野党から追及されるはめとなり、大島農相は、翌年2003年3月31日、ついに就任半年で辞任に追い込まれることになる。大島農相の一連の疑惑をめぐっては、衆議院予算委員会において、①公共事業に絡む元秘書官口利き、②2000年の衆院選の際に別の元秘書が支持者から600万円を受領し、個人的に流用、および③予算委員会での想定問答集を衆議院法制局が作成―などが指摘されていた。

これに対して、大島農相は口利き疑惑を一切否定。また、600万円受領と流用については2001年暮れに判明し、大島側が600万円を返却したと説明した。さらに、法制局問題では、法律問題を相談したことは認めたが、想定問答集作成への依頼は否定した。[16]

しかし、この大島農相にまつわる疑惑問題で2003年度予算案の衆議院通過が、与党側が当初予定してきた時期よりも遅れるなど、国会審議に大きな影響が出てきた。実際、大島農相は、国会の予算委員会などで疑惑の答弁に追われる場面が少なくなく、「日本農政のかじ取り役」という重責の傍らもっぱら疑惑の釈明に忙殺された。そこで、3月31日、予算案成立した時点を見計らって、しかも4月1日以降に予定された「参考人招致」を前にして、辞任するに至ったわけである。

デーリー東北はその経緯を、「大島農相が辞任2日前の29日、口利き疑惑の渦中にある前秘書官の妻が東京・世田谷の自宅で自殺していたことが明らかになった。度重なる疑惑にまみれながら、野党側の追及の〝集中砲火〟をかわしてきたが、最後は身内の死という重い現実に直面、退任の決断に至った」、と報道している。[17]

5、おわりに

改めていうまでもなく、大島はこれまで政界の出世街道を二段跳び、いな三段跳びで駆け上がってきた「サラブレット」だ。その輝かしい経歴については、同じ自民党所属の国会議員からやっかみが出るほどだった。[18]

衆議院総選挙で当選6回、その間大臣に就任すること実に三度目の大島にとって、抱える秘書は「出世階段を駆け上げる際の、金庫番」であった。[19] 大島にとっては、「カネ集めにたけた秘書」は頼もしい右腕的存在であったに違いない。実際、親分にカネの苦労をさせない金庫番がいたおかげで、大島は心なく政治の表舞台で活躍できたのだ。だが、関係者たちの証言で浮かびあがるのは、いわば、〝自民党政治のあしき伝統〟である。「自民党政治の忠実な体現者である大島氏のつまずきは、権力維持装置の潤滑油としてのカネが絡む自民党政治そのものの限界を見せつけた」、といえる。[20]

もっと言えば、大島が名国対委員長として高い評価を得てきたこれまでの手法、つまり、大島の国会対策の持論である「49%を相手に譲り、51%勝って国会審議を前に進める」ことで、義理人情を大切にする交渉術を得意とし、永田町では「握りの大島」という異名をとってきたものの、その手法が批判を余儀なくされたわけだ[21]。

大島は、若くして3回の閣僚経験を有し、自民党の名国対委員長として国会を切り盛りしてきた政界随一の実力者であり、また将来の総理・総裁候補の一人である、とまで言われた。だが、政治とカネの問題で、その道を閉ざされることになった[22]。

政治家といえども人生、思う通りにならない実例である。最初、1980年の衆議院総選挙で出馬した時に落選した以外、これといった大きな挫折を知らなかった大島にとって、今回の秘書の口利き疑惑問題は生涯忘れることのできない事件となった。だがその後も、大島は総選挙で勝利し続け、不死鳥のようによみがえり、予算委員会委員長、国対委員長、党幹事長、および副総裁など多くの要職をこなし、最後は議長職に就任することで、政治家として意欲的に活動してきたのは立派であった、といってよい。

後日談になるが、大島は政界を引退した後、ユーチューブの「魚屋のおっチャンネル　大島理森」（2021年11月30日）に出演し、野党時代の苦労、国対委員長の役割、および衆院議長のあり方にふれながら、その中で「人間である以上、失敗を免れない、大事なことは、その後どのように生きるかである」と、自分に言い聞かせるように述べていたが、胸に残る一言である[23]。

《注》

(1)「虎視眈々―情で人脈　国会改革仕掛人」『朝日新聞』1999年11月23日。
(2)『18年目の報告書―国政への挑戦』（大島理森事務所、2001年3月）。

(3)　前掲書「虎視眈々―情で人脈　国会改革仕掛人」『朝日新聞』１９９９年11月23日。
(4)　『MORY EXPRESS』（大島理森後援会、１９９７年）。
(5)　前掲書『18年目の報告書―国政への挑戦』。
(6)　「衆院・常任委員長の横顔　環境委員長　細川律夫、議院運営委員長　大島理森、懲罰委員長　池端清一、国家基本政策委員長　小里貞利」『月刊官界』26（６）＝２９６号（２０００年６月）、３頁。
(7)　「政治とカネ　大島氏辞任の波紋（下）」『東奥日報』２００３年４月２日。
(8)　「本県からダブル入閣　大島さん　津島さん」『東奥日報』２０００年７月５日。ちなみに、もう一人の入閣者は同じく第１区選出の衆院議員で自民党所属の津島雄二で厚生大臣就任である。
(9)　前掲書『18年目の報告書―国政への挑戦』。
(10)　同上。
(11)　「永田町25時　海部、高村を超えられるか　国対族〝大島理森〟大化けチャンス」『VERDAD』（２００１年１月）、21頁。
(12)　『デーリー東北』２００２年10月１日、「大島農水大臣　秘書官　〝６千万円口利き疑惑〟」『週刊文春』（２００２年10月24日号）、１６４頁。
(13)　「対談　大島理森（農林水産大臣）　酒井研一（全国農政協会長）　今後の農政を語る」『農政運動ジャーナル』（２００２年12月）、６頁。ちなみに、大島家は代々農家でもあった。
(14)　前掲書『週刊文春』、１６４～１６７頁。
(15)　「口利き疑惑　政務秘書官を更迭」『デーリー東北』２００２年10月18日。
(16)　「大島農相が辞任へ」『岩手日報』２００３年３月31日。
(17)　「大島農水相―辞任の波紋　上」『デーリー東北』２００３年４月２日。
(18)　同上。
(19)　「政治とカネ　大島氏辞任の波紋（下）」『東奥日報』２００３年４月２日。
(20)　同上、なお、大島理森自身の政治資金の取り扱い、特に、公開された資産などについては、その一部を巻末の資料②に掲げておいたので参照されたい。
(21)　「ガソリン国会も気配り」『読売ウィークリー』２００８年２月３日、27頁、「与野党に広げた人脈を誇る大島理森

衆院予算委員長　存在感増した男の〝表と裏〟」『THEMIS』（２０１４年11月）、51頁。
(22)「政治とカネ　大島氏辞任の波紋（下）」『東奥日報』２００３年４月２日。
(23)「38年の議員生活に幕！　大島理森前衆議院議長が誕生……」
https://www.youtube.com/watch?v=TsqD0dxLvd0

第七章　衆議院議長：大島理森

衆議院本会議に臨む大島理森議長（2018年11月15日）

出典：『朝日新聞』2018年11月16日

1、はじめに

大島理森は２０１５年４月21日、第76代目の衆議院議長に就任し、続いて、２０１７年11月１日に、第77代の衆議院議長に再任された。それは、大島が国対委員長や衆議院予算委員長を長く務めるなど国会運営に精通しており、その巧みな政治的調整能力が評価されたからであろう。(1)

大島が衆議院議員に初当選したのは、１９８３年12月のことであり、議長という要職に到達するまで、30年余の年月を費やしたことになる。その間、自民党の国対委員長、幹事長、副総裁、予算委員会委員長、議院運営委員長などを務めた一方、他方で、環境庁長官、文部大臣兼科学技術庁長官、および農林水産大臣に就任した。この間に、大島は多くの懸案事項を処理するなど、「革新的保守主義」政治家の一人として成果を上げてきたし、また現職中、大島議長は〝発言する議長〟として国会の節目、節目で注目されてきた。

本章では、大島が衆議院議長に就任した経緯、また議長としての発言や行動を取り上げ、国会における議長のあるべき姿を検討したい。

2、衆議院議長就任

周知のように、衆議院議長は立法府、行政府、および司法府の一翼をになう重要な国家的職責である。我が国の立法府は二院制を採用しており、衆議院と参議院から構成され、衆議院議長と参議院議長とが存在する。ただ、日本国憲法では衆議院の参議院に対する優越性が謳われており、衆議院議員の地位は参議院議員に比べて相対的に高く、それに比例した形で、衆議院議長もより重要視されている。[(2)]

確かに、衆議院議長の権限は、日本国憲法および国会法で定められている。しかし、実際には、永田町の常識に従うなら、「政治的」には、憲法でいうほどにはその地位は確固たるものではない。何故なら、衆議院議長への就任者は、実際には、総理・総裁コースから外れた衆議院議員があてがわれてきた経緯があったからだ。いわば、議長のイスは棚上げないしお手盛の形で、政治家として最後の段階で、いわば〝上がりのポスト〟として用意されてきた経緯があるのだ。[(3)] 参考までに、図表①に戦後歴代の衆議院議長の氏名と就任期間を掲げておいた。その顔ぶれを見れば、上の記述にある程度納得がいくことであろう。

大島が第76代の衆議院議長に就任したのは2015年4月21日のことである。町村信孝・前議長が病気

〈図表①〉第二次世界大戦後の衆議院議長一覧

・辞任…辞任願（辞職願）の提出による辞任

・死去…死去

衆議院議長					
期	代	氏名	期間	退任事由	所属政党
23	39	松　岡　駒　吉	1947年５月21日～1948年12月23日	解散	日本社会党・右派
24	40	幣　原　喜重郎	1949年２月11日～1951年３月10日	死去	民主自由党
	41	林　　　譲　治	1951年３月13日～1952年８月１日	辞任	自由党
	42	大　野　伴　睦	1952年８月26日～1952年８月28日	解散	自由党
25	43		1952年10月24日～1953年３月14日	解散	自由党
26	44	堤　　　康次郎	1953年５月18日～1954年12月10日	辞任	改進党
	45	松　永　　　東	1954年12月11日～1955年１月24日	解散	日本民主党
27	46	益　谷　秀　次	1955年３月18日～1958年４月25日	解散	自由民主党・池田派
28	47	星　島　二　郎	1958年６月11日～1958年12月13日	辞任	自由民主党・岸派
	48	加　藤　鐐五郎	1958年12月13日～1960年２月１日	辞任	自由民主党・石井派
	49	清　瀬　一　郎	1960年２月１日～1960年10月24日	解散	元自由民主党・三木派
29	50		1960年12月７日～1963年10月23日	解散	
30	51	船　田　　　中	1963年12月７日～1965年12月20日	辞任	自由民主党・大野派
	52	山口　喜久一郎	1965年12月20日～1966年12月３日	辞任	自由民主党・旧河野派
	53	綾　部　健太郎	1966年12月３日～1966年12月27日	解散	自由民主党・藤山派
31	54	石　井　光次郎	1967年２月15日～1969年７月16日	辞任	自由民主党・石井派
	55	松　田　竹千代	1969年７月16日～1969年12月２日	解散	自由民主党・旧森派
32	56	船　田　　　中	1970年１月14日～1972年11月13日	解散	自由民主党・船田派
33	57	中　村　梅　吉	1972年12月22日～1973年５月29日	辞任	自由民主党・中曽根派

33	58	前尾繁三郎	1973年5月29日～ 1976年12月9日	任期満了	元自由民主党・大平派
34	59	保利茂	1976年12月24日～ 1979年2月1日	辞任	元自由民主党・福田派
	60	灘尾弘吉	1979年2月1日～ 1979年9月7日	解散	元自由民主党・無派閥
35	61		1979年10月30日～ 1980年5月19日	解散	元自由民主党・無派閥
36	62	福田一	1980年7月17日～ 1983年11月28日	解散	元自由民主党・旧船田派
37	63	福永健司	1983年12月26日～ 1985年1月24日	辞任	元自由民主党・鈴木派
	64	坂田道太	1985年1月24日～ 1986年6月2日	解散	元自由民主党・無派閥
38	65	原健三郎	1986年7月22日～ 1989年6月2日	辞任	元自由民主党・中曽根派
	66	田村元	1989年6月2日～ 1990年1月24日	解散	元自由民主党・竹下派
39	67	櫻内義雄	1990年2月27日～ 1993年6月18日	解散	元自由民主党・渡辺派
40	68	土井たか子	1993年8月6日～ 1996年9月27日	解散	元日本社会党
41	69	伊藤宗一郎	1996年11月7日～ 2000年6月2日	解散	元自由民主党・旧河本派
42	70	綿貫民輔	2000年7月4日～ 2003年10月10日	解散	元自由民主党・橋本派
43	71	河野洋平	2003年11月19日～ 2005年8月8日	解散	元自由民主党・河野グループ
44	72		2005年9月21日～ 2009年7月21日	解散	
45	73	横路孝弘	2009年9月16日～ 2012年11月16日	解散	元民主党・横路グループ
46	74	伊吹文明	2012年12月26日～ 2014年11月21日	解散	元自由民主党・伊吹派
47	75	町村信孝	2014年12月24日～ 2015年4月21日	辞任	元自由民主党・町村派
	76	大島理森	2015年4月21日～ 2017年9月28日	解散	元自由民主党・大島派
48	77		2017年11月1日～ 2021年10月14日	辞任	

出典：『衆議院事務局』
www.promised-factory.com/100years_after/house/hor-s.html

で辞任し、その後継を担ったのだ。大島が農林水産大臣時代に、秘書の口利き疑惑の責任をとって辞任してから12年の月日が経過。衆議院議長に選出された時点で、大島は68歳の年齢に達していた。

大島は議長就任に際し、その地位の重要性を「議長に就任した時、諸先輩や周囲から〝公正で公平で中立であれ〟と言われました。これは「国民主権を定めた憲法」の要請であり、議長の職責は「衆院の威信を体現することだ」と自らに問い掛けてきました」、と述べている。[(4)]

それから、およそ2年半後の２０１７年11月1日、大島は引きつづいて第77代衆議院議長に再任された。それは、平成天皇の退位を控えて、退位を実現する特別立法の成立に尽力した経験を考慮したからだ、といわれている。[(5)]

一般的に、衆議院議長は衆議院の総選挙ごとに交代するのが慣例である。しかし、大島の場合、適任であるとする安倍晋三首相の意向を踏まえて判断されたのであろう。大島議長の再選は、郵政選挙後の２００５年９月に再選された河野洋平議長以来のことで、約12年ぶりであった。大島議長の地元である八戸市はもとより、青森県内の有権者たちは挙げて祝意を示したのはいうまでもない。[(6)]

産経新聞は、大島が最初に議長に推薦された時の理由について、〝大島議長首相の意向〟だと見出しをふって、「自民党が後任に大島理森衆院予算委員長を推すのは、5月15日に閣議決定予定の安全保障関連法案を今国会で成立させたいとする安倍晋三首相の強い意向が背景にある。国会対策の経験が長い大島氏に野党との調整を期待していたといえる」、と報じていた。[(7)]

デーリー東北もまた、大島が衆議院議長に就任した背景を次のように説明している（傍点は引用者）。

「経済政策での一定の成功を背景に安倍晋三政権が高い支持率を維持する一方、集団的自衛権の行使など安全保障をめぐる前のめりな姿勢に危惧を抱く国民も多いだろう。だが〝政高党低〟と皮肉られるほど、自民党内で安倍首相の政策に異を唱える声は聞こえてこない。そんな中、党内から首相にもの申せた数少ない重鎮が大島氏だ。衆院予算委員会で、委員長として首相のやじをいさめた姿が象徴している。集団的自衛権を例に取れば、大島氏自身は反対の姿勢でないものの、公明党にも配慮して首相には常に慎重な検討を注文してきた[8]」。

要するに、大島が衆議院議長に祭り上げられたのは、野党との調整が必要な国会対策に精通しており、しかも公明党や野党と太いパイプを築き、自分の信念を貫き、与野党分け隔て無く采配を振るってきたからであった。

ただし、衆議院議長には立法府の最高責任者としての立場を活用して、斡旋、裁定、所感、談話、および苦言により、政治に直接関与できる妙味があることを忘れてはならない。

3、大島衆議院議長の発言と行動

周知のように、大島は衆議院議長在職中、〝もの言う議長〟として注目を集めた。実際、2018年1月に召集された通常国会では、公文書改ざんや隠蔽が相次いで発覚したが、大島議長は国会閉会に際し所感を公表し、「民主主義の根幹を揺るがす問題であり、行政府・立法府は、ともに深刻に自省し、改善を図るべきである」、と警鐘を鳴らした。また、後述するように、入管法改正案の衆議院通過をめぐって再質問を求め、同法の施行前に国会報告をさせる旨の議長裁定を下している。[9]

敷衍するならば、大島衆院議長は2018年12月に福岡で行った講演において、外国人労働者の受け入れを拡大する法案（入管法改正案）をめぐる与野党の攻防を振り返り、「与野党には合意形成に努めてほしかった」と苦言を呈した。三権の長の一人である衆議院議長がこのような苦言を呈することは異例なことで、これまで例を見なかった。[10]

ただ、大島議長が苦言を呈したのはこれが初めてではない。実際、大島は2017年の通常国会が閉幕した際にも、衆議院議長として談話を発表している。この当時、森友学園問題を巡る財務省の文書改ざんなどを取り上げ、「民主主義の根幹を揺るがす問題だ」と厳しく指摘した上で、次のように締めくくった。

「第一義的な責任は、もちろん行政府にあることは当然でありますが、しかし、そのような行政を監視すべき任にある国会においても、その責務を十分に果たしてきたのか、国民の負託に十分に応える立法・行政監視活動を行ってきたか、については、検証の余地があるのではないでしょうか[11]」。

大島は議長の立場から、国会に対して厳しくダメ押しをしたわけである。大島が議長として懸念していたのは、何よりも文書改ざんや厚労省の不適切データ問題、防衛省の日報問題など、行政府と立法府の緊張関係の上に成り立つ議院内閣制の前提が崩れていることを危惧してのことで、それと同時に、国会のチェック機能そのものが消滅しているのではないのか、という認識である。

だが、大島議長の懸念にもかかわらず、その後の臨時国会でも、入管法改正案の審議を巡り与野党の対立はエスカレートするばかりだった。法案の不備を指摘する野党側と、外国人労働者を受け入れる重要性を指摘する政府与党との間で、溝は埋まらず、野党の国対委員長が、裁定を求めて大島議長のもとに駆け込む事態にまで生じた。そこで大島議長は、法の施行前に政省令を含む全体像を国会に報告させ、その報告について法務委員会での質疑を行うよう与党に求めたのだ。それは、極めて異例の議長による斡旋であった[12]。

このように、永田町において、大島議長の言動が注目されていたが、それは、国会の節目節目で、安倍晋三首相率いる巨大与党の強引な国会運営への不満が存在したからに他ならない。実際、２０１８年10月下旬に始まった臨時国会では、会期を延長せずに12月10日に閉幕した。最大の与野党対決法案だった改正出入国管理法、改正水道法、および改正漁業法など国民生活にも影響する重要法案は、会期末直前に成立。ただ、その一方で、安倍首相が強い意欲を示す憲法改正発議に向けた自民党改憲案の国会提示は見送られ、改憲手続きを整備する国民投票法改正案の方も継続審議となった。

周知のように、改正出入国管理法（以下、改正入管法と略す）は外国人労働者の受け入れ拡大が目的で、人手不足解消の切り札として政府が臨時国会に提出したものだ。ただ、２０１９年４月に、改正入管法が施行されたにもかかわらず、受け入れ人数の上限などを明示できず、しかも、制度の詳細も省令などに委ねるとする政府の姿勢に、野党側は「生煮えどころか生そのもの」だと反発、自民党党内からも〝急ぎ過ぎ〟だとの批判が出ていた(13)。

しかし、安倍首相の強い指示もあり、与党は日程ありきと短時間審議で押し切った。当該法案は「事実上の移民政策」とされ、社会の枠組みも変える重要法案であった。だが、審議時間は衆参合計わずか38時間に過ぎず、参議院では主要野党が問責決議案などを連発して抵抗する中で「徹夜国会」のあげく、改正入管法は成立した。

このような状況の中で、野党は「国会が官邸の下請け機関になった」などと批判する一方、抵抗戦術で足並みが乱れたことで、メディアから〝激突ショー〟と揶揄される始末であった。それは明らかに、政府与党が政治不信を拡大させる幕切れだった。

そこで、大島議長は、２０１８年11月27日の改正入管法の衆議院通過に当たり、異例の議長斡旋を行ったのだ。野党の抗議を踏まえて、大島議長は「政府に政省令を含む全体像を国会に報告させ、法務委で質疑がしっかりできる環境を整えてほしい」と与党に指示し、与党側も「しっかり政府に伝える」、と応じたのである。

この大島議長のいわば〝大岡裁き〟については、辻元清美・立憲民主党国対委員長も「異例の提案で評価できる」と態度を和らげて衆議院通過時の大混乱は回避され、会期末の内閣不信任案提出も見送られたのであった。(14)

大島議長は、それ以前の2016年7月下旬の通常国会閉幕時にも「所感」を発表している。財務省の決裁文書改竄問題について「行政監視の根幹を揺るがす」などと政府に猛省を促したのだ。大島議長は今回の入管法審議で、失踪した技能実習生の実態調査結果の集計を法務省が誤ったことでも、不満を募らせていた、とされる。また、安倍首相が意欲的発言を繰り返す国会での改憲論議についても「憲法は法律の基本、できるだけ合意形成して進めていかなければならない」と、自民党側の独走を牽制したのである。(15)

大島議長は2019年1月10日、玉川大学で講演した。その際、離散集合を繰り返す野党に対しても、「政党の変化があまりにも多すぎる。政党に対する国民の信頼がなくなる」と指摘している。大島議長はまた、学生から「国会の行司役として心がけていることは何か?」と質問され、次のように答えている。

「やっぱりきちっとした野党の存在があることが、民主主義には非常に大事なことだと思うのです。野党に『頑張ってくれ』と時々言うのです」「そして与党に対しても、ちょっと行き過ぎれば『ちょっと行き過ぎだよ』と言わなきゃならん」「目線は国民の皆さんに置きながらジャッジをしていかなきゃならんと思っています(16)」。

このように、大島議長は単に与党に注意するだけでなく、野党にも厳しい姿勢を示したわけである。

最近では、2019年10月に招集された臨時国会で、憲法改正手続きを定めた国民投票法改正案の国会成立に期待を示した大島議長の発言をめぐり、冒頭から国会が紛糾したのが、記憶に新しい。野党が大島議長の発言を「越権」だと批判したのだ。野党サイドは「中立の議長が〝成立させろ〟〝合意させろ〟というのは聞いたことがない」という。立憲民主党の安住淳・国対委員長は、「(大島氏は)与党国対委員長のつもりでないか。中立でない」と批判した。国対経験が長い大島議長の発言をめぐっては、自民党内に「野党に配慮しすぎている」との不満もあり、後述するように、2019年7月、萩生田光一幹事長代行が大島議長交代論に言及するなど、波紋を広げた。(17)

4、おわりに

以上で見てきたように、大島議長は、折に触れて自民党の国会対応や安倍首相の政権運営にくぎを刺すなど、かなり野党側に配慮した国会運営に努めてきた。ただ、その一方で、２０１５年４月に大島理森が議長に就任してから４年余り、国会での改憲論議は進まず、２０２０年中の改憲実現に言及してきた安倍晋三首相が、大島議長に不満を募らせた、ともいわれた。

参議院通常選挙後の２０１９年７月下旬、安倍首相の最側近である自民党の萩生田光一がインターネット番組で、改憲論議の停滞が続くなら衆院議長を交代させる必要があるとの認識を示し、首相周辺に大島議長の「更迭」論があることをにじませた。(18)

このように、官邸からの圧力が強まる一方、大島議長の立場も議長に就任した当時に比べると厳しくなったように思える。野党は、大島議長に対する先の発言の背景に、自民党総裁として残り任期２年を切り、宿願の改憲実現に突き進もうとする安倍首相の焦りがある、と見ていた。

ただ、大島議長の一連の発言を検討すると、そこには、野党に対する重要なメッセージが込められているように、思えてならない。大島議長は、「憲法は国の基本法で、ものすごく大事だ。議長として今、本当に心からこの臨時国会で与野党ともに合意を見つけてほしいと思う。与野党からご相談があれば、色んなことをお話しする機会があるかもしれない」と語る。それはまさしく、大島議長発言の核心部分である[19]。

それでは何故、大島議長の発言力が増したのであろうか。それは国会の空転、混乱続きの状況を見るにつけ、今や、国会議員の中に大島のような交渉術を行使するような人材、つまり、国会運営のかじ取りを巧みに演出できる政治家が、ほとんど存在しなくなったからであろう。

大島議長の下に与野党を問わず議員が駆け込むのには、理由があるということだ。それは、端的にいえば、大島議長が昔「悪代官」と呼ばれていた自民党国対委員長時代の実績と、相手が納得するまで話を聞く姿勢が、与野党を超えた厚い信頼に繋がっているからである[20]。

2021年の衆議院解散・総選挙後には、大島議長は交代すると見られていた。だとすれば、大島は議長として最後の舞台に立っているわけだった。それが、大島議長をして、やや過激な発言ないし談話に結びつけていたのかもしれない。しかしである。議長の権限とは、本来、公平・公正・中立に行使されるのが原則であって、そもそも与党寄りであるとか野党寄りであるとかは、あってはならないはずだ。ともあれ、大島が議長職を6年半にわたり務めあげたのは、ある意味で立派であった[21]。

大島の衆議院議長在職日数は2020年4月18日の時点で、歴代第2位となった。当時の議長在職歴代第1位は河野洋平の2029日である。翌年2021年10月には、大島は議長職を退いた。結局、議長在職は2336日に達し、憲政史上第1位を記録した。その間、大島は選挙制度や天皇退位など与野党間の調整が難航する場面で、衆議院議長として大きな手腕を発揮してきた。ただ、新型「コロナウイルス」の感染拡大を受けて、大島の調整能力も鋭く問われた。[22]

大島議長は、2021年8月12日、地元の八戸市で、次期衆議院選には出馬せず退任することに関して記者会見した。その際、国会召集要求を定めた「憲法53条」に言及し、大島議長は「憲法53条、あるいは憲法66条3項、これらの条文を国会としてどのようにいかしていくか、今後ぜひ各党各会派の皆様方には冷静な議論を期待したい。」と述べた。憲法53条では、「衆参両院のいずれかで総議員の四分の一以上の要求があれば臨時国会を召集しなければならない」と定められているものの、召集までの具体的な期日は定められていない。国会召集の要求をめぐっては、2021年7月に立憲民主党など野党4党が臨時国会の召集を要求したが、何と11月4日まで国会は開かれず、野党側が「憲法違反だ」などと批判していた。大島は、こうした状況を踏まえ、「憲法論議の中でも議論していく必要があるのではないか」と述べ、憲法53条などについて、与野党での議論を促したのであろう。[23]

それはともかく、大島議長は衆議院議員引退を前に、2021年10月12日、東京新聞のインタビューに議長のあり方などを答えており、引退を決意した大島の胸の内が伝わってくる。

—議員生活を振り返って印象に残る出来事は。

「（1990年の）第2次海部内閣で官房副長官を務め、イラクのクウェート侵攻や（貿易不均衡の是正を目指した）日米構造協議などの課題の中で政治のダイナミズム、権力の怖さと維持する難しさを経験したことだ。（2009年からの）野党時代に自民党の幹事長や副総裁として政権奪還に努力したことや、上皇さまの退位を巡り、衆参両院の正副議長で国会としての見解を取りまとめる作業をしたことも思い出深い」。

―議長の在職は6年半。心掛けていたことは。

「国会は国権の最高機関で、内閣の選任や立法・予算の成立、行政監視機能を担っている。一方で政権を目指す権力闘争の場でもある。できるだけ公正、公平な舞台をつくるのが議長の役割だと自問自答しながらやってきた」。

―森友学園を巡る財務省の決裁文書改ざんなどを受け、18年に安倍政権に反省と改善を促す異例の議長所感を出した。

「憲法には『内閣は、行政権の行使について、国会に対し連帯して責任を負う』とある。捏造、虚偽的な情報が報告されれば立法府の判断を誤らせる恐れがある。今後もそれがまかり通れば日本の民主主義の根幹を揺るがす問題だと感じた」。

―森友・加計問題や「桜を見る会」で野党が求める安倍晋三元首相らの国会招致に与党は消極的だった。改善すべき点はないか。

「国会には権力闘争の側面もあり、これを無視して議論するのは難しい。与野党の激しいやりとりを国民が鋭く見抜き、選挙で判断するのが民主主義だ。与党も国会の活性化のため、行政監視の重要性は忘れないでほしい」。

―海外では独裁色の強いリーダーが増え、民主主義の危機が叫ばれている。

「コロナ禍で世論の一部に強いリーダーシップを求める意見もある。だが、歴史を見れば権威主義の政治、独裁政治が生まれてくるわけで、警戒しないといけない。民主主義は多様な意見を発露させ、議論し、合意点をつくるもの。手間暇はかかるが、国の運営には最も良いと確信している」。

―次期衆院選に向けて有権者に訴えたいことは。

「一番心配しているのは投票率の低さ。投票は民主主義を支える基本的な行為だ。政治は自分たちのものだという認識を持って、主体的に1票を投じてほしい[24]」。

また、『月刊　日本』のインタビューの中でも、大島は6年半の議長在職中で最も印象に残っている仕事として、天皇陛下（現・上皇族陛下）の退位特例法を取りまとめたこと、一票の格差―定数削減の問題、および森友問題をめぐる決裁文書改ざんと自衛隊の日報問題が生じた際の議長所感、の三点を挙げていた。[25]

《注》

(1)「大島衆院議長　就任」『デーリー東北』２０１５年４月22日。

(2)『日本国憲法』参照。

(3)これまで、衆議院議員の中で議長に就任した顔ぶれを見れば、それが一目瞭然である、確かに、議長は重大な職権を有しているものの、慣例上、自己の判断で権限を行使する機会の少ないポストである。それ故、政界では名誉職、つまり、〝上がりのポスト〟だと見られてきた。特に、戦後の混乱期が過ぎてからは、衆議院議長の職は長老の政治家が最後に就任する上がりのポストとされている。例えば、前尾繁三郎や坂田道太は衆議院議長退任後に首相就任の声がかかった際、「議長経験者が首相になるのは国会の権威の上からよくない」として辞退しているし、また衆議院議長候補にあげられた二階堂進や小渕恵三は首相に意欲を持っていたので、議長への就任を断っている。

(4)「語る　衆院議長　大島理森」『読売新聞』２０１９年９月23日。

(5)「大島氏　衆院議長再選へ」『デーリー東北』２０１７年10月30日。

(6)同上、なお、大島は、自民党青森県支部連合会会長に、１９８９年９月～１９９０年３月、１９９２年４月～１９９４年３月、および１９９５年２月～１９９８年11月の３回にわたって就任しており、青森県自民党の実権を握っていた。比例東北ブロック選出の江渡聡徳衆院議員（元防衛大臣）は大島と同じ派閥の直系である。

(7)『産経新聞』２０１５年４月21日、「大島氏　衆院議長就任―数におごらぬ運営を」『デーリー東北』２０１５年４月21日。

(8)「大島氏　衆院議長就任―数におごらぬ運営を」『デーリー東北』２０１５年４月21日。

(9)大山礼子「国会改革の作法」『法学』（駒澤大学法学部、２０２０年10月）を参照。

(10)「大島議長衆院異例の書簡　常識をあえて説く深刻さ」『毎日新聞』２０１８年８月２日。

(11)「衆議院議長談話」『朝日新聞』２０１８年８月１日、青木理「理の目：議長が嘆く政治の堕落」『毎日新聞、大阪版』２０１８年８月８日（夕）。

(12)『地方行政』〔時事通信社、２０１８年12月17日号〕、20頁。

(13)『朝日新聞』２０１８年11月28日。

【点描・永田町】〃元悪代官〃大島議長の警鐘：時事ドットコム

https://www.jiji.com/jc/v4?id=201812tnc090001

(14)『読売新聞』２０１８年11月28日。

(15)前掲書『地方行政』、20頁。

(16)『毎日新聞』２０１９年１月11日。

(17)『産経新聞』２０１９年10月９日。

(18)『朝日新聞』２０１９年７月30日。

(19)「国会は国民のもの　行政監視の責任感を　大島理森・衆院議長」『毎日新聞』２０１９年１月29日（夕）。

(20)同上。

(21)大島自身、議長職の立場を次のように語っている。「議長としては公平、公正、中立な議長だと先輩に言われているので、この切り替えは非常に難しい。政府与党より私は距離感をきちんと持たねばならない立場だということを自覚してやらねばなりません」（「大島理森衆議院議長インタビュー　小選挙区制を使い切っていない　問われるのは国会議員の人間力」『Journalism』３２５号、２０１７年６月号、42頁）。「私のポジションは国権の最高機関たる立法府の長として公正公平にジャッジしていくことです。もう一つは憲法と国会法に基づいた判断を下していくのが基本だと認識しております」（大島理森「国権の最高機関たる立法府の長として憲法と国会法に基づき公正公平にジャッジしていく」長野祐也編『日本が動く時―政界キーパーソンに聞く　Part16』〔ぎょうせい、２０１７年１月〕、１６８頁)。

(22) 「大島衆院議長　在職２位タイ」『毎日新聞』２０２０年４月11日。

(23) https://www.news24.jp/articles/2021/10/14/04956685.html

(24) https://www.tokyo-np.co.jp/article/136391

(25) 「議会は民主主義の砦だ―衆議院議長・大島理森」『月刊日本』２０２１年11月号、42～43頁。

第八章　思想的座標軸：大島理森

自民党本部

写真：筆者撮影

1、はじめに

大島理森は青森県議を二期務めた後に、衆議院議員を十二期務めるなど、28歳から75歳まで長年にわたって、いわゆる「職業政治家」として活躍し、最後は、衆議院議長の要職をこなした。それでは、大島は一介の衆議院議員として、地元の有権者たちに対して、どのような思想ないしイデオロギー的立場を発信してきたのであろうか。それを紹介するのが本章の課題である。大島は議院運営畑を長く歩き、必ずしも特定の分野に詳しい政策通（＝族議員）でなかった。しかし、一人の政治家として、いかなる理念と思想を抱いていたのであろうか？　もちろん、選挙公約の中で、政治理念ないし思想的立場を展開しているので、その一端は知ることができる。しかし、首尾一貫し、かつまとまった形で示しているわけではない。

そこで本章では、大島が政治家として目指す日本の立ち位置と行く末を、内政と外交の両面に分けて概観する。幸いなことに、大島は２００１年の段階で『18年目の報告書―国政への挑戦』という分厚い報告書を公刊しており、大島の政治理念と思想が明快に展開されている。大島が目指した日本政治の将来像を検討した報告書は、次のような項目から構成されている。

Current and Future

①保守再生
●日本型価値の再考
●いま必要な「中庸」の構え
●正統な保守を目指して
②共生社会の実現
●ポスト「モノ社会」
●共存の発想
●ボランティアの推進
③経済再生と財政構造改革
●「安心」の確保
●明日の活力のために
●自立のための基盤整備
④地方の自立
●小さな政府論
●自己決定と自己責任
●コミュニティーの再構築
●これからの日米関係
●日米基軸と自主外交の新展開
●外交の基本原則の議論を
⑤国会の更なる活性化
●政権交代可能なシステムを
●与党審査の見直し
●健全な議会運営を目指して
⑥これからの抱負

出典：『18年目の報告書―国政への挑戦』（大島理森事務所、2001年）

一瞥すれば明らかなように、内政についてはかなり詳細である一方、外交については、言及が少なく、④の地方の自立の一部で論じているに過ぎない。ただ、大島が得意とする国会に関しては、最後に新たに1章を設けて持論を展開しているのが大きな特色である。

そこで本章では、大島の思想的立場が示されていると思われる、①保守再生、②共生社会の実現、並びに④地方の自立の「これからの日米関係」、「日米基軸と自主外交の新展開」、および「外交の基本原則の議論を」を中心に紹介する。

2、内政

①保守再生

●日本型価値の再考

大島は最初に、「社会や制度の歪みを是正していくためには、必要な改革は断行していかなければなりません。税制改革や選挙制度改革、行政改革も、そうした観点から行いました。景気の回復状況を見据え、今後は財政再建、財政構造改革にも着手していかなければなりません。子々孫々の代に、これ以上の借金を残すことは、どう考えても許されないことですし、私たちの代の責任として、これを減らさなければなりません」、と指摘する。

その上で、「確かに〝改革〟とは耳ざわりのよい言葉です。改革、あるいはグローバル・スタンダードと名が付けば、すべてが正しい方向に進むような錯覚を与えるものです。しかし、グローバル・スタンダードの美名の下、アメリカの価値すべてが正しいという論は採るべきではありません。生活者、消費者の利便性を拡大するため、一定の範囲内で規制緩和を進めていかなければなりませんが、新しい時代に必要な規制と不必要な規制を仕分けることが重要なのです」、と結び、アメリカ型の価値を批判している。続いて、「私は日本には日本型価値、つまり互助ですとか、共生ですとか、そういった精神があると確信しております。それは、日本が、そして日本人が築き上げてきた文化でもあるのです。これらを単に〃ムラ社会的伝統〃〃馴れ合い〃と批判し、すべてを否定するのではなく、新しい時代に対応させていくことが必要なのです。同時に、これと両輪を成すものとして、「自立」の覚悟も問われるのです」、と、日本型価値＝互助の精神を謳っている。

●いま必要な「中庸」の構え

一方、「いま必要な『中庸』の構え」の箇所では、大島は次のように語る。

すなわち、「日本人の考え方は、時として大きく振れることがあります。規制緩和にしましても、これに慎重な意見は批判を受けます。かつて政治改革に慎重だった方々には〃守旧派〃のレッテルが貼られたこともあります。すべての政策が白か黒か、善か悪かの選択を行えるとは限りません。私は学生時代から『中庸』という言葉が好きでした。わかりやすく申せば、冷静かつ客観的に物事を判断するということではないかと思います。いま、この日本に必要なことは、まさにこの『中庸』の精神であると思います。アメリカ的な価値と日本的な価値、競争社会とムラ社会のそれぞれの長所と短所、利点と欠点を冷静に考え、対処する姿勢が求められているのだと思います。古より、日本は奢った時に進む方向を見誤ります。謙虚な姿勢をとり、足らざるところを学び、一生懸命に努力を重ねる時に進歩する国です。いたずらに悲観することなく、また、いたずらに奢ることなく、冷静に大局を着眼しつつ小局に着手していくことこそが重要なのだと思います」、と自説を展開し、〝中庸〟精神の重要性を強く訴えている。

●正統な保守を目指して

次に「正統な保守を目指して」の箇所では、大島は次のように、自民党の立場を擁護する。すなわち、「いわゆる五十五年体制の下では、保守は革新に対する概念でした。かたくなに体制を守りつづけるイメージをお持ちになっているかもしれません。しかし、自民党は保守政党でありましても、改革努力を怠ってきたでしょうか。ときには調整に時間を要し、ときには頓挫したこともありましたが、責任政党として、改革を断行してまいりました」と指摘して、自民党が責任政党として改革をしてきたことを誇っている。

続いて「そもそも保守とは、フランス革命時にイギリスにおいて生まれた概念です。劇的な変革とそれに伴う社会不安の発生を防ぐため、イギリスでは〝静かなる変革〟が求められたのです。決して『既存の体制の維持』を意味するものではありません。私たち日本人にとりましては、すべての歴史や文化、伝統を背負い、確信をもった上で改革を目指すことに他なりません」、と主張する。

そして最後に、「昨今、無党派層の増大が大きな関心事になっております。政治や政党が国民の皆さまの信頼を回復しなければならないのは当然のことです。しかし、いたずらに無党派層に迎合する前に、先ずは政党としての理念を再構築しなければならないのではないかと思います。私たち自民党は真の正統保守を高らかに掲げ、『今』に堂々と責任をもち、『明日』を創っていかなければならないのだと考えます」、と結論づけている。(1)

②共生社会の実現

●ポスト「モノ社会」

大島は、『18年目の報告書』の中において「モノ社会」を否定する一方で、「共生社会」の実現という注目すべき考えを展開している。

すなわち、「二十世紀はモノに価値が置かれた世紀でした。技術革新も経済成長も、さらには度重なる戦禍も、モノの豊かさを追求した結果でした。世界の中にはまだまだモノ不足で苦しんでいる国が多々あることは十分承知しております。私たちが得てきましたモノを、彼らと分かち合っていかなければならないのは当然のことです」、と断言する。

その上で、「わが国は、先人たちの不断の努力により、敗戦による廃墟から見事に立ち直り、世界有数の経済大国に躍り出ました。昨日より今日、今日より明日が物質面で確かに豊かになっていきました。戦後生まれの一人として、それは身をもって体験してきたことであります。しかし、その反面、失われてきたものも多いように思えてなりません。数値で表せない価値ですとか、思いやりですとか、そういったものが軽視されつつあることは実に残念なことです。他人との触れ合い、家族のきずな、さらには共同体意識をもう一度築き上げる必要があると思います」、との認識を披露している。

最後に、「アメリカは民主主義と彼らなりの正義感を、またイギリスは金融制度を後世に残してきました。翻って日本を見ました場合、後世、何を残せるのでしょうか。決してモノではない筈です」と、結んでいる。

●共存の発想

以上述べた認識を前提に大島は、「当たり前のことですが、人間は一人では生きていけません。助けられ、また助けながら生きていくものです。近所から味噌や醤油を貸し借りしていた時代は、物質面では貧しくても、そこには心が通う社会があったのです」と指摘する。

その上で「しかし、高度経済成長やバブル経済、さらには一部のアメリカ型価値の『輸入』により、他人との競争が繰り返されることになりました。過剰な受験戦争も、こうした競争原理に一因が求められます。競争社会を否定することはできません。しかし、競争による勝者と敗者がすべてでしょうか。それが唯一の価値でしょうか。私はそうは思いません」、と苦言を呈している。

その際、大島は「私は行き過ぎた競争社会の流れを見直す一方、『結果の平等』より『機会の平等』が保証される社会を目指しながら、個々人はもとより、日本としても、もっと共生の視点を重視していかなければならないと考えます。他人との共生、自然との共生、地域との共生、アジアとの共生、そして世界との共生―これらを実現していくことにより、共存を図ることができると考えます」、と述べて〝共生〟の理念の実現を訴えている。

●ボランティアの推進

最後に、大島は今日では当りまえになったが、ボランティアの推進を高々に謳い、次のように述べる。なお、ボランティアの推進については、「選挙公約」においても度々言及されている。

まず冒頭で「個々人の共生感は、決して強制できるものではありません。あくまでも自主性と自発性に委ねなければならないものです。もっとも、その土壌を整備することはできます。共生感を育み、それを実行していくためには、初等・中等学校における教育の充実も必要です。教育改革は、まさにこうした観点から取り組まれています。個人が他人や社会を思いやる心は、いつでも実行することができます。去る一月、東京の新大久保駅で二人の方が見ず知らずの他人を助けるために線路に飛び込み、犠牲になりました。心を打たれた方も多いと思います。彼らの勇気ある行動に、私たちが失った、あるいは失いかけていた価値観を思い起こされた気がいたします」、と自身の価値観を披露。

その上で、「もちろん、一命を賭さなくても、できることが多くあります。近所のごみ拾いも立派なボランティアだと思います。ＮＧＯ（非政府組織）やＮＰＯ（非営利組織）への参加もそうです。一人一人が他人のため、社会のために貢献すること、奉仕することが必要なのです。そしてそれが評価される政策が求められるのです」、と断じている。

そして最後に、「政府がすべての面倒を見る時代は終わっています。財政的にも、また社会全体の規模からも、到底不可能です。むしろ、人々の共生感に基づく社会を、政治が補完していく時代に入っているのだと思います」、と〝共生社会〟の到来に期待を寄せている。[(2)]

3、外交

●これからの日米関係

大島は「これからの日米関係」の中で、日本外交の課題を次のように披露している。

最初に、「戦後の日本外交の基軸は、日米関係に置かれてきました。とりわけ東西冷戦下においては、まさに〝日米パートナーシップ〟が重要だったのです。いわゆる吉田ドクトリンが正しい選択であったことは否定できません。軽武装と経済重視の政策が、戦後日本の繁栄を築き上げてきたのです」、と指摘する。

その上で、「しかし、平成元年にベルリンの壁が崩壊し、地中海のマルタで歴史的な米ソ首脳会談が行われましたことにより、冷戦は終結しました。米ソ両大国を盟主とする東西冷戦構造から、局地的な地域紛争や民族問題を世界的に解決しなければならない時代に入ったのです。国際連合も、冷戦構造の崩壊によって機能するようになりました」、と〝ポスト冷戦〟時代の国際社会の変化を示している。

そして最後に、「冷戦終結後も、日米安保条約が必要であることに変わりはありません。米軍基地の縮小など、必要な見直しを行っていかなければなりませんが、国際情勢、とりわけ東アジア情勢を踏まえますと、依然として安保条約は必要だと考えます。新しい国際情勢に対応するため、日米防衛協力の指針、いわゆるガイドライン関連法も、こうした観点から成立させました」、と結び、日米安保体制を基軸とした安全保障を評価している。

●日米基軸と自主外交の新展開

その一方で、「日米基軸と自主外交の新展開」の中で、大島は次のような考えを展開している。

「しかし、安全保障面における日米関係と、それ以外の分野における両国関係を分離して考えるべき時期に差しかかっているような気がいたします。経済面にしても、文化面にしても、日米は緊密な関係にあります。しかし、そうした分野まで、日本は米国に依存する必要も、また追随する必要もありません。まさにパートナーとして、言うべきことを言い合っていく必要があるのです」、と持論を展開。

だから、「安全保障面においては、他の分野よりも一層両国の関係は緊密ですが、それでも主権国家として、日本は自主的な外交を展開していかなければなりません。アジア諸国にも十分配慮し、アジア諸国との共生を念頭に置いた積極外交が求められるのです。米国と協調しつつも、独自の外交を考える時期なのです」と、〝自主＝積極的外交〟を提唱する。

さらに、「自主外交を展開していく上でも、わが国は国連安保理常任理事国入りを希求しています。PKO協力法を制定しましたのも、日本が経済面だけではなく、世界に対する『人的貢献』を可能にするためでした。カンボジアやモザンビーク、ゴラン高原などにおいて、平和維持活動を行い、大きな評価を得てきました」、と断言。

そして最後に、「二十一世紀初頭の日本外交の最大の目標は、独自の平和外交、驕りのない大国外交を積極的に進めていくため、常任理事国入りを果たすことです。そのためにも、PKF（国連平和維持軍）への参加問題を含め、国内の議論を高めていかなければなりません」、と国連の意義を主張している。

●外交の基本原則の議論を

ちなみに、「外交の基本原則の議論を」の中で、次のような結論を展開しているので、最後に紹介しておく。

「わが国の外交は日米関係を基軸にしてきましたが、冷戦終結後の外交の基本原則が必ずしも明確ではありません。現行憲法には崇高な理念が掲げられておりますが、それを具体化する法律は存在していません」。

「教育政策に関しては教育基本法が、環境政策に関しては環境基本法が、また地方自治に関しては地方自治法がありますが、外交に関してはありません。しばしば日本外交の原則に疑問が投げかけられますのも、こうした基本法が存在していないことと無関係でないように思えます」。

だから、「冷戦が終結して十年以上が経ちました。今後十年、二十年の日本外交の基本姿勢を内外に示すためにも、ODA（政府開発援助）の在り方を含め、日本外交の基本原則を本格的に議論すべき時期に差しかかっていると考えます(3)」。

4、おわりに

以上、自民党所属の衆議院議員として大島が目指す日本社会の在り方、および日米関係を中心とした外交の行方を紹介してきた。そこで言えることは、総じて、大島が目指す政治理念が、果たして新しい日本の在り方を提示しているのかという疑問である。その中で特に、〝中庸〟という概念が今一つ意味が不明である。この点について、大島は、「わかりやすく申せば、冷静かつ客観的に物事を判断するということではないかと思います」、と説明する。[4] 保守と革新と区別した場合の、中道という意味ではなさそうだ。それは、政治交渉の場ではあり得ても、イデオロギー的ないし思想的にはあり得ないのではなかろうか。

一方、日本外交の将来像に関しても、新たな理念はほとんど語られていない。大島がいう自主＝積極的外交にしても、それは昔から言われたことであって、なにも珍しくはない。アジアの一員として、今後の日本の対中国、北朝鮮、およびソ連との外交に言及した箇所がないのは何故なのかわからない。大島は、自民党の中でも、イデオロギー的にはリベラル派に属してきた。だが、大島が語る内政および外交についての理念を見る限り、その内容は「革新的」であるとは言い難い。むしろ、欧州の「社会民主主義」の立場に近い。

目新しいのは、大島が〝共存〟の発想と〝ボランティア〟の推進を強く提唱している点であろう。そこでは、「革新的保守主義」政治家として大島の思いが貫徹されており、現在でも、立派に通用する考え方である。

最後になるが、大島は「私は行き過ぎた競争社会の流れを見直す一方、『結果の平等』より『機会の平等』が保証される社会を目指しながら、個々人はもとより、日本としても、もっと共生の視点を重視していかなければならないと考えます。他人との共生、自然との共生、地域との共生、アジアとの共生、そして世界との共生―これらを実現していくことにより、共存を図ることができると考えます」という。大島がいう、いわゆる「共生」の姿勢は、ある意味で興味深く、我が国における内政および外交を考える場合、大事な提言である、と考える。[5]

《注》

(1) 『18年目の報告書―国政への挑戦』〔大島理森事務所、2001年〕。
(2) 同上。
(3) 同上。
(4) 同上。
(5) 率直にいって、大島は必ずしも政策通だとはいえない。むしろ、政治交渉を得意とする政治家である。したがって、大島の政治思想ないし政策を本格的に展開した資料は他に見つからない。ただ、元衆院議員であった長野祐也との座談会でいくつか政策を提言しているので、その一部を紹介しておく。
「自民党の戦略は、経済の主体である企業が国際競争に勝ち抜く力を持てるように、研究開発のしやすい環境を作り、税制を時代にマッチしたものに整備し、今のシステムや環境を改善していくことを目標にすえています」。「私たちの復興財源の基本的考え方は、徹底的に無駄を排除する一方で、必要なものにはお金をかけるということです」。「日本は成長なくしては安心も安全もつくれない」（長野祐也編『日本が動く時―政界キーパーソンに聞く Part10』〔ぎょうせい、２０１０年11月〕、３６５頁。『日本が動く時―政界キーパーソンに聞く Part12』〔ぎょうせい、２０１２年11月〕、１６０頁、同上、１６４頁。

補論1　国会の本会議及び委員会での発言：大島理森

国会議事堂正面

写真：筆者撮影

1、はじめに

大島理森は、1983年12月19日から2021年10月14日まで37年10ヵ月という長期間にわたり、青森県第2区選出の衆議院議員を務めている。この間に、大島は国会において都合640回におよぶ発言（質問・答弁・挨拶・議事進行を含む）を行っており、その内訳は、大臣になるまでの陣笠議員時代[(1)]が56回、環境庁長官時代が8回、文部大臣兼科技庁長官時代が33回、農林水産大臣時代が67回、および野党時代が5回、並びに衆議院議長時代が330回である。また、その他の時代が146回であった。

本章の目的は、衆議院議員・大島の国会における発言、すなわち、大島が本会議や委員会で行った質問ないし答弁について、定量的分析を試みるものである。衆議院議員にとって、国会での発言が最も重要な仕事の一つであるのはいうまでもない。ただ、実際には、野党議員には、多くの発言の機会が与えられている一方、与党議員の場合には、委員会および本会議での発言は制約されている。以下では、『国会会議録検索システム（https://kokkai.ndl.go.jp）』を活用して、大島が国会で行った発言の特色を探ってみたい。

2、陣笠議員時代（1983年12月～1995年8月）

大島が衆議院議員に初当選したのは、1983年12月18日に実施された第37回総選挙の時であった。いわゆる「陣笠議員時代」には、56回の発言が記録されている。大島は翌1984年4月5日に、早速、第

１０１回国会の内閣委員会で質問に立っている。質問の内容は、運輸省設置法の一部改正案に関するもので、輸送機関のあり方、青森県における空港の運用期間などについて、質問している。その中で、興味を引くのは、大島が細田吉蔵・運輸大臣に政治哲学に関連して、〝政治の公平について〟質していることだ。この時、弱冠37歳、若き衆議院議員大島の姿が浮かんでくる。このユニークな質問に対して、細田運輸大臣は「政治は信頼がなくてはこれは成り立たない」と、明快に答弁している[(2)]。

大島は委員会での初めての質問に続いて、１９８５年３月20日、本会議で最初の代表質問に立つ機会に恵まれた。その際、大島は内閣提出の「国の補助金等の整理および合理化並びに臨時特例等に関する法律案の趣旨説明」につき、自民党・新自由国民連合を代表して質問を行ったのである。当時の中曽根康弘・首相から、補助金等の整理合理化の基本的考え方などに関する答弁を引き出している[(3)]。

陣笠議員時代の大島は、内閣委員会、大蔵委員会、および政治改革に関する調査特別委員会等で多くの発言が見られる。特に、政治改革に関する調査特別委員会でのそれは19回（33・９％）と圧倒しており、陣笠議員時代の後期になって、大島が政治改革、特に国会改革に熱心に取り組んだ姿を垣間見ることができる。ちなみに、大蔵委員会では10回（17・８％）、また内閣委員会では６回（10・７％）の発言が記録されている。また、本会議では３回の発言を確認でき、その他に、議院運営委員会が５回、国際平和協力等に関する特別委員会が４回である。残りの９回は予算委員会などの諸委員会である。以上の点を見れば、若き議員時代の大島の政治的関心がどこにあったのか推測できよう。

3、環境庁長官時代（1995年8月8日~1996年1月11日）

大島は1995年8月8日、村山内閣の下で環境庁長官に任命され、1996年1月11日まで務めた。この間、大島長官は都合8回発言をしている。その内訳は、環境委員会および環境特別委員会が4回（50％）、予算委員会が3回（37・5％）、決算委員会1回（12・5％）であった。なお、発言はすべて、大臣としての答弁である。

4、文部大臣兼科学技術庁長官時代（2000年7月4日~12月5日）

次いで大島は、2000年7月4日、森内閣の下で文部大臣兼科学技術庁長官に任命され、12月5日まで在任した。この間、大島大臣は都合33回発言をしており、その内訳は、文教・科学委員会が8回（24・2％）、文教委員会8回（24・2％）、本会議6回（18・1％）であった。残りの11回は予算委員会などの諸委員会である。なお、発言はすべて、大臣としての答弁である。

5、農林水産大臣時代（2002年9月30日~2003年3月31日）

次いで大島は2002年9月30日、小泉内閣の下で農林水産大臣に任命され、2003年3月31日に辞任した。この間、大島大臣は都合67回の発言を行っている。その内訳は、予算委員会が28回（41・

７％）、農林水産委員会が24回（35・８％）、および本会議10回（14・９％）であった。残りの５回は決算委員会などの諸委員会である。予算委員会での発言（答弁）が41・７％と高い割合を占めているのが特筆される。それは、大島の秘書の口利き疑惑が国会で問題となり野党から追及されたからであろう。もちろん、発言はすべて、大臣としての答弁である。

６、衆議院議長時代（２０１５年４月21日～２０２１年10月14日）

周知のように、大島は第２次安倍内閣の下で、２０１５年４月21日、衆議院議長に就任している。結局、請われるまま２０２１年10月14日まで二期約６年間務めあげた。この間、大島は議長として本会議で都合３３０回に上る発言をしているが、それは、就任挨拶を除けば、ほとんど〝議事進行役〟としてのものである。

７、その他・野党時代

①１９９６年２月～２０００年６月

大島は、その他にも国会や自民党の重要な役職をこなしている。例えば、１９９９年10月には、議院運営委員長に就任しており、２０００年６月まで務めた。この期間の発言は83回を数えるが、当然のことながら、議院運営委員会の委員長としての立場から、〝議事進行役〟に徹した発言で大方が占められている。

②２０００年12月～２００２年９月

次いで大島は、２０００年12月、自民党国会対策委員長に就任しており、２００２年９月まで務めた。この間、大島は35回の発言が見られるが、議院運営委員会での発言が大部分を占めている。

③２００３年４月～２０１５年３月

大島は２００３年４月１日、農水大臣を辞任したにも関わらず、その後も精力的に活動している。例えば、２００５年11月１日には、衆議院予算委員長に、次いで、２００７年８月27日には、再び自民党の国会対策委員長に就任した。また、２００９年９月29日には、自民党幹事長に就任（～２０１０年９月）。さらに、２０１０年９月９日には、自民党副総裁に就任するなど（～２０１２年９月）、自民党の要職をこなしている。そして大島は２０１４年９月29日、再度、衆議院予算委員長に就任（～２０１５年４月）したのである。

この時期の発言回数は都合23回を数えるものの、もっぱら予算委員会での発言（議事進行役）で占められている。それは、大島が予算委員長を二期務めたからに他ならない。

④民主党政権時代（２００９年９月16日～２０１２年12月26日）

それでは、自民党が総選挙で敗れ、民主党が政権の座にあった時期、すなわち、２００９年９月16日～２０１２年12月26日の野党時代の約３年あまり、大島は本会議や委員会で質問を行っているのであろうか？　既に冒頭で述べたように、自民党が野党時代に、大島は都合５回発言（質問）している。その内訳は、本会議3回、予算委員会1回、および東日本大震災復興特別委員会1回である。その内容を簡単に紹介しておく。

大島は、鳩山政権が成立して間もない２００９年11月2日、第１７３回国会の予算委員会で、鳩山首相の政治指導、友愛精神、在沖縄米軍基地の移転、および予算の組み換え問題などについて鋭く責めたてた。[(4)] また、第１７４回国会の２０１０年1月19日には、久方ぶりに代表質問の役が回ってきた。大島は本会議において、自民党・改革クラブを代表して質問に立ち、その中で、鳩山首相の政治資金（母親からの資金提供）、小沢幹事長の秘書の資金運用疑惑、マニフェスト、予算案、および新成長戦略などについて、鳩山首相に問い質している。[(5)] さらに、２０１１年5月31日に開催された第１７７回国会の「東日本大震災特別委員会」では、大島は、菅首相の福島原子力発電所事故への対応のまずさや発言をめぐって、民主党政権への不信が高まっていると強く批判し、菅首相に辞職を求めている。[(6)]

8、おわりに

以上、『国会会議録検索システム』を利用して大島が国会の本会議および委員会で発言した内容を概観してきた。その結果、いえることは、発言回数が衆院議長時代は別として、必ずしも多い方ではなく、その意味で大島は、特定の分野に詳しい、いわゆる「族議員」として活躍したのではない、ということだ。確かに、大島は国会改革の専門家であったとはいえるが、しかし政策通であったわけでないようだ。ただ、本会議および委員会での質問を拝読すれば、よく勉強したことがしのばれるし、内容も用意周到である。[7] もちろん、他の章でも、再三指摘したように、大島の衆議院議員としての本領は、何よりも本会議や委員会の裏舞台で活躍する根回し役に徹した活動に尽きる。それが大島の最大の持ち味でもあったからだ。

《注》

(1) 陣笠議員とは、議会や政党で決議を採決する際、大物政治家の「挙手要員」に成り下がっている政治家のことをいい、地位や影響力が低く役職についていない平の議員のことを指している。武家の時代に雑兵が鉄や皮製の笠を陣笠といっていた用語に由来する（『現代政治学事典』〔ブレーン出版、１９９１年〕、４８４頁）。

(2) 『第１０１国会・衆議院　内閣委員会会議録　第６号』〔１９８４年４月５日〕、13～17頁。

(3) 『官報号外　第１０２国会　衆議院本会議録　第15号』〔１９８５年３月20日〕、５９１～５９２頁。

(4) 『第１７３国会　予算委員会会議録　第２号』〔２００９年11月２日〕、20～25頁。

(5) 『官報号外　第１７４回国会　衆議院本会議録　第２号』〔２０１０年１月19日〕、１～３頁。

(6) 『第１７７回国会　東日本震災特別委員会会議録　第６号』〔２０１１年５月31日〕、18～20頁。

本書では、遺憾ながら、民主党政権時代に大島が鳩山・菅・野田内閣をどのように見ていたのかについて、まったく紹介することができなかった。

例えば、大島は自民党幹事長として、「民主党政権が内政、経済、外交などあらゆる分野で政権担当能力を欠如しており、とりわけ、鳩山首相の無責任さ、発言の一貫性のなさを鋭く批判している。……その場合の責任というのは、発言の一貫性を保つということと、発言したことはきちんと実行するということの二点です」などと指摘している（大島理森「磨き上げた独自の政策で政権奪還をねらう」長野祐也編『日本が動く時－政界キーパーソンに聞く Part10』〔ぎょうせい、２０１０年11月〕、３６０～３６３頁）。

(7) 例えば、『第１２９回国会　衆議院・政治改革に関する調査特別委員会会議録　第２号』（１９９４年３月１日）を参照。

補論2　「民主主義を守る」（講演会）：大島理森

メトロポリタン・ホテル

出典：『メトロポリタン・ホテル　ホームページ』

1、はじめに

東京の池袋駅西口にあるメトロポリタン・ホテルにおいて、2022年1月21日、毎日新聞社他主催の講演会が開催された。当日の講師は前衆院議長の大島理森である。筆者自身、30年前から、毎日新聞を購読しており、「毎日メトロポリタンアカデミー」で大島が講演する記事を目にしたので参加を申し込んだ。会費は6500円でやや高額であったものの、しかし、フルコースの昼食付でもあり、たまには高級ホテルでの講演会に参加するのも、コロナ渦で落ち込んだ気分直しになるだろうと考えて出かけた。また、筆者自身、雑誌や新聞記事などで大島の発言は目にしていたとはいえ、直接お会いして本人から政治の話を聞いたことがなかったので、良い機会であった。以下に、当日の講演会の内容を概説し、その模様を報道した毎日新聞の記事、また筆者が行った質問および大島の回答を紹介する。

2、民主主義を守る

「民主主義を守る」というテーマは、主催者である毎日新聞社の毎日メトロポリタンアカデミー側からの依頼であったという。大島の講演の内容は多岐にわたったが、興味をそそられた点を中心に紹介する。

「第1に、英国のチャーチル首相は、〝民主主義とは最悪の政治形態〟であると語ったように、多種・多用な概念である。しかし、いわゆる「民主主義」を守るには、分断社会を作らないことが大事である、と考える。日本の民主主義の精神は憲法に規定されているように、人権が尊重され、自由と平等が保障されている社会が大切である。主権は国民にあるのであって、正当な選挙で選ばれた議員が政治を担うのである。米国大統領のリンカーンが語った『人民の、人民による、人民のための政治』は、民主主義の定義としてあまりにも有名である。

現在の日本では、公正な選挙を通じて、国民の代表者が政党を形成し、その多数党が政権を担当している。その意味で、中国などとは違い、日本は『民主主義国家』である、と言ってよいだろう。

昨年秋に衆院が解散され総選挙が行われ、自民党が勝利したものの、選挙のあり方、特に、選挙制度が問題となっていたのを記憶している。私自身、いわゆる『中選挙区制』を経験した上で、現行の『小選挙区比例代表並立制』を含めて、都合13回におよぶ衆議院選を戦ってきた。その間、政党本位の選挙、政権交代、および政策本位の選挙戦を経験してきた。ただ、現在のような制度である公的資金の導入、つまり政党助成金は必ずしも成功したとは、いえなかった。　また、小選挙区で敗退した候補者が、比例代表で復活するのは困ったものだ。

第２に、近年の傾向として、政府の権力が強まり、政党のそれが弱まっている、と言われている。いわゆる〝政高党低〟現象が生じ、特に第二次安倍内閣になってからその感を深くする。そのため、いろいろな不祥事が生じ、国民から批判を浴びた。そこで私自身、衆議院議長として発言し、立法府の長の立場から是正方をお願いした。それがどれだけ役に立ったかは疑問であるものの、国権の最高機関である国会の本来あるべき姿になるよう務めたつもりである。

第３に、多くの選挙戦を経験して思うことは、近年、投票率が次第に低下してきていることである。２０２１年10月の総選挙で投票率が60％（55・９％）を大きく切ったということは、有権者の半分が選挙への参加、つまり、投票を忌避していることである。この事実は、由々しき事態であると、懸念している。その際、いわゆる『無党派』層をどのように取り込むかが肝心だ。投票が18歳でも可能となり、若い有権者が増大したにも関わらず、政治にそっぽを向く人びとが増えており、その対応策が我々政治家に課された大きな課題の一つとなっている。[(1)]
最後に、野党に注文しておきたい点がある。政党である以上政権交代を目指して、努力工夫しなければ、尻へんに陥る危険が大であって、現にそのような状況にある。現在のように、野党がバラバラの状態では、政権党をのさばらせるだけであって、多くの有権者の支持は適わない。単に、批判するだけでなく、政権交代の暁にはなにをしてくれるのか、日本の『ビジョン』に欠けているのは残念である。」

3、「10増10減」案

講演の後に、会場から質問があった。1票の格差是正のため、衆院小選挙区の定数が15郡県で「10増10減」となる区割りについて、議席が減る和歌山や山口など10県の議員から反対があり、区割り審の勧告前に公選法を改正して、「3増3減」案がくすぶっているというが、この課題を、大島前議長はどのように認識しておられるのか[(2)]？

この点に関して、大島は「選挙区や定数が変わり、立候補者もその地域もつらいかもしれない。しかし、一度立法府が出した結論を変えようとするならば、もっと大きな大義が必要だ」と述べ、予定通り「10増10減」を実施すべきだ、と主張した。

その上で、「もし、今変えるというのは国民の信頼を得られない。衆参両院が共に『投票価値の平等だけでいいのか』という議論をして結論を出すのならば、私は納得する」、とも答えた。[(3)]

4、復活当選

先に述べたように、講演の中で大島は「小選挙区で落選しても比例代表で復活当選できる現行制度について、選挙区で勝てないから比例で復活してやろうというのは真剣に国民の声を受ける選挙なのだろうか一度考えていただきたい」、と指摘した。(4)

この点について、筆者は次のような質問を投げかけた。まことに困った事態であるが、いわゆる「復活当選」を認めるように、選挙制度を変更した時に、大島議員御自身が政治改革者の一人として、この制度を導入した経緯を知りうる立場にいたのではないのかと質した。その答えは、「確かに、小選挙区比例代表並立制の導入にはかかわったが、当該問題自体に直接関与しておらず、事実は不明である」と。「多分、法案を成立させるため野党に配慮した結果ではないか」という、答えが返ってきた。

5、会期制度

筆者は、国会の「会期制度」についても質問した。野党から要求があった場合に、与党は国会を召集すべきなのに、長期間にわたり無視してきた経緯があるからだ。これでは、議会制民主主義とはいえない。周知のように、日本の国会は会期制を採用しているので、政府は常に、日程を気にしなければならず、一方、野党は時間切れで法案を廃案に持ち込もうとする。妙案はないのだろうか？

この点については、大島は、「仮に、通年国会となれば、緊張感が失われるであろうから、それには反対で、米英でも夏休みや冬休みは長くとっている」、という。だが、これでは回答にはならない。問題は緊張感いかんではなく、議会制民主主義の立場から、懸案事項が生じたなら、いつでも国会が開催できる機会を設けることが大事なのだ。政府としても、法案を通したいのであれば、審議のための時間的余裕があるにこしたことがないと考える。

6、投票率の低下

大島は、講演の中で近年、投票率が次第に低下しており、先に総選挙では60％を大きく割ったことを気にかけていた。

そこで筆者はこの点について、米国では、概して大統領選で50％、上下両院選で40％、州知事選で30％台であって、「投票率が低いということは必ずしも、有権者の選挙への認識が下がったとはいえない。戦後日本では確かに、投票率が高かったが、それは選挙以外に楽しみがなく、選挙自体が一種の『祭り』であったからで、投票率の低下自体はむしろ、平和である証拠でもある。どの程度の投票率なら適切であると考えるか」と、聞いた。

この点に関して大島は苦笑いをしながら、いわゆる「無党派層」の存在が大切なのであって、彼らの動向が選挙での勝敗を決定づけるから、政治家は投票率に神経をとがらせているのだという。もちろん、社会主義国の場合のように、１００％近い投票率はいただけない。

7、おわりに

大島の講演会自体は、政治に関心のある方には、ごく普通の内容であった。しかし、質問の方は出席した高齢の方々には苦干難解であったかもしれない。久方ぶりにフルコースを堪能し、家路についた。

筆者が大島とお会いするのは、今回が2回目であった。議員引退後も旺盛に講演をこなし、貴重な発言をしている元気な姿を拝見して、安心した。人間は総じて、現職を退くと勢いをなくし、社会的活動を忌避しがちである。しかしである。「人生１００年」といわれるこの時代、75歳で老け込むのは早い。今後も、長い議員生活で会得した意見を賜れば幸いである。

《注》

(1)　18歳以上の若者が投票可能になり、衆議院議長の立場で若い有権者にメッセージをと問われ、大島は次のように述べていた。「政治に対して主体的に取り組むことができる絶好のチャンスなのでぜひ積極的に参加していただきたいと思います。それと同時に、それぞれの政党がどのようにアプローチしていくかも注目したいと思います」（大島理森「国権の最高機関たる立法府の長として憲法と国会法に基づき公正公平にジャッジしていく」長野祐也編『日本が動く時―政界キーパーソンに聞く　Part16』〔ぎょうせい、２０１７年1月〕、１７０頁）。

(2)　衆院小選挙区の「10増10減」の区割り改定については、２０２０年国勢調査の速報値の公表を受け、「1票の格差」是正に向けて２０１６年の公職選挙法改正で導入が決まった「アダムズ方式」（＝人口に応じて議席を配分する方法）に基づく衆院議員定数の新たな配分が固まっている。小選挙区数は東京で5増える一方、福島、和歌山、山口など10県で1ずつ減り、全体で10増10減となる。格差は違憲判断の目安とされる2倍を下回り、最大１・６９５倍まで縮小する。小選挙区の具体的な区割りについては、政府の「衆院選区画審議会」が見直し作業を進め、区割り案を２０２２年6月までに首相に勧告することになっている（「衆院小選挙区「10増10減」東京5増、10県で減―

アダムズ方式」https://www.jiji.com/jc/article?k=2021062501151）。
(3)「10増10減　予定通りに―大島前衆院議長、講演で訴え」『毎日新聞』２０２２年１月22日。
(4) 同上。

結語

大島は衆議院議員を２０２１年10月で引退した。議員生活を概観すれば、大きく二つに区分できる。前半は、連続当選に苦闘し、国会の裏舞台で汗を流した「ポリティシャン」としての時代であり、後半は、選挙基盤が安定し、国会の表舞台で活動した「ステーツマン」としての時代である。

大島は日本を代表する「革新的保守主義」政治家の一人として、存在感を強めた。環境庁長官時代に、水俣病未確認患者への補償に尽力し、また、国会に「党首討論」制度を導入するなど、国会改革にも尽力してきた。自民党内においては、選挙対策本部長や東日本大震災復興加速化本部長などを務めるなど、政治の最前線で多くの貢献を果たしてきたからである。

実際、大島は国対委員長を長く務め、与野党問わず細かく張りめぐらせた人脈を持つことで知られ、国対委員長に在任すること通算１４３０日は、歴代2位である。本論の中でもたびたび指摘したように、大島の国会対策の持論は「49％を相手に譲り、51％勝って国会審議を前に進める」ことであり、義理人情を大切にする交渉術を得意とし、永田町では〝握りの大島〟という異名までとった。それを活用することを通じて、最後は衆議院議長に就任した。議長在任期間の方は、ついに２３３６日に及んだ[1]。

大島は衆議院議長の就任会見の際に、「議論をすることだけでなく、結論を出すことも立法府の責任だ」と指摘するなど、国会では〝発言する議長〟として国会の節目、節目で注目を集めてきた。今後、青森県選出の衆議院議員として大島のように議長にまで上り詰める政治家はめったに現れないであろう。それが本書を執筆した最大の理由であり、今後の青森県政治研究のための資料として公刊した次第である。[2]

毎日新聞は大島議長が発した所感を社説で取り上げたことがあり、その意義を次のように紹介している。議長の所感が社説で論じられることは珍しいことで、大島の政治家としての良識が良く示されている。

「大島理森衆院議長が先の通常国会を振り返る異例の所感を公表した。政府による公文書の改ざんや隠蔽、誤ったデータの提供などが相次いだことについて『民主的な行政監視、国民の負託を受けた行政執行といった点から、民主主義の根幹を揺るがす問題』と指摘した。その上で議長は行政府と立法府の双方に自省を求めている。……所感は特別なことを言っているのではない。国政に参画する者であれば当然わきまえておくべき常識だ。それをあえて唱えなければならないところに問題の深刻さがある[3]」。

ところで、かつて自民党に所属し、民主党政権下で財務大臣を務めた藤井裕久・元衆議院議員は「安倍最長政権の功罪」に関するインタビューの中で、「昔は断固戦う政治家がいた。最近は〝妥協こそが政治の要諦だ〟と錯覚している政治家が多すぎる」と嘆いていた。[4]

確かに、〝政治家は落選したらただの人〟と言われるように、選挙での勝利が大前提であるのは言を俟たない。また、政治家たるもの、成果をあげるための政治手法の一つとして時には妥協も必要であろう。

しかしである。業績を上げて選挙で当選することに汲々とする単なる〝ポリティシャン〟としてではなく、自ら発した言葉に責任を有し、確固たる政治理念を持った〝ステーツマン〟として行動しなければ、その政治家が歴史に残ることは適わないであろう。

本書では、特に大島の13回に及ぶ衆議院総選挙に関して詳しく紹介したつもりである。だが実際には、その輪郭の一部をなぞったに過ぎず、八戸市内の選挙事情、ことに、県議選、市長選[5]、および市議選との絡みや人脈、支持基盤の変遷についての分析が不十分である。また、河本派―高村派内での大島の役割に踏み込むことが出来なかった。さらに、筆者の勉強不足から、自民党の東日本大震災復興加速化本部長としての活動についても触れることが出来なかった[6]。それが本書の限界点でもある。今後、本書を基にして、新たに研究が進展することを期待したい。

本書の冒頭でも述べたように、青森県は津軽地方と南部地方に色分けされており、両地域とも海産物や農産物に恵まれ、風光明媚な風景や古くからの史的財産が散在している。それを反映したわけでもないだろうが、津軽では太宰治や長部日出雄、また南部では三浦哲郎や寺山修司など日本を代表するような小説家、また、淡谷のり子や吉幾三のような国民的歌手を輩出してきた。しかし、残念ながら、これまで真にステーツマンと称されるような高邁な理念を有する政治家は、ほとんど育ってこなかった。

その中で、唯一ステーツマンに近い存在として、永田町で活躍してきたのが〝真情と握りの政治家〟だといわれた大島理森・衆議院議員である。

既述のように、大島は２０２１年8月12日、突然衆議院議員を引退すると表明して、県民を驚かせた。記者団との一問一答で、大島は次のように胸の内を述べた。

―不出馬を決断した理由は

「6年余り務める議長職をもし辞めた後に、政治家として何をなすべきか、これから何をしたら貢献できるか、恩返しできるのかを、通常国会を終えた後に自問自答した。新たな人材を発掘して後継とし、皆さんの協力をいただき働いてもらうことだと考えた」。

―固い決意の背景は

「政治家の出処進退は自分の生きる哲学の中で決めるもの、まだ余力が残っている時に『新たな灯』をつくることが政治家としての責任であると考えた」。

―地元の県議団や市議団からの反応は

「辞めることをやめろという意見もあった。あまりにも唐突で悔しいという意見も、素晴らしい判断と言ってくださる方もいた」。

―一番印象に残るエピソードは

「多々ある。ネジレ国会の（自民党）国対委員長、幹事長、副総裁として仕事をさせていただいたことがつらくもあり、ある意味で働きがいがあった」。

―寂しさは

「なくはない。それを乗り越えねばならない。私の後援者の方が、圧倒的に寂しさを感じておられる。だからこそ今度の選挙は、私自身が先頭に立って努力しないといけない」。

―県内自民党の核だった。核が外れることに不安を言う人がいる

「俺がいなければ、俺がやり残した仕事があるから、と言って続けるのも一つの道。でも本県の国会議員の皆さんは立派に経験を積み働いている。十分やっていけると思う」。

―不出馬と、保守分裂の八戸市長選は関係あるか

「全く関係ない。市長選挙は市民が決めること。国政選挙は市民、県民が国民として投票する(7)」。

政治家の進退判断は難しい。大島は衆議院議長を二期も務めており、たとえ次期総選挙に出馬して当選しても、陣笠議員であることを良しとしなかったのではなかろうか。大島を取り上げて感じたのは、「権力」への強い願望であり、政治舞台で権力闘争に参加する「演技者」としての姿であった。大島が衆議院議員を引退したことで、青森県の政治舞台が若い世代に伝達され、彼らが政治の表に立って活動するきっかけとなれば幸いである。

《注》

(1)「衆院議長に大島氏―結論を出すことも立法府の責任」『産経新聞』2015年4月22日。

(2) 大島理森は、自民党が野党に転落した2009年には党幹事長に就任、党再生のきっかけをつかもうと地方を巡回した。その際、「じっくり一晩杯を傾け、党への不満をたっぷり聞いて頭を下げろ」と〝義の政治〟の大切さを説き、「古くさい手法だ」との批判も意に介さなかった。自民党幹部は「永田町で絶滅しかけた党人派が政権復帰の土台を作った」と語る(同上)。

大島は野党時代に自民党幹事長として、民主党政権を次のように批判している。「国民は、財政、経済、外交など、あらゆる分野に関して民主党の政権担当能力に不安と不信をもち始めました。私は、総理大臣(鳩山)の言葉の軽さ、無責任さに強い憤りを感じています。……その場合の責任というのは、発言の一貫性を保つということと、発言したことはきちんと実行するということの二点です」(大島理森「磨き上げた独自の政策で政権奪還をねらう」

長野祐也編『日本が動く時―政界キーパーソンに聞く　Part10』〔ぎょうせい、２０１０年11月〕、３６０～３６１頁)。

(3)「社説：大島衆院議長が異例の所感―常識をあえて説く深刻さ」『毎日新聞』２０１８年８月２日。

(4) 藤井裕久「論点　安倍最長政権の功罪―戦前日本の歴史に学べ」同上、２０１９年11月15日。大島は自民党副総裁の時代に、次のように述べている（傍点引用者）。「〝妥協〟という言葉を皆さんは、嫌うかもしれません。しかし、私は、長い政治経験から相手と交渉し、折り合い、結果を出すか。時には必要な政治手法の一つと考えています」（「大島副総裁に聞く―民信無くば立たず」『りぶる』〔２０１２年８月号〕、５頁）。

(5) 八戸市長選の歴史については、藤本一美「戦後青森県の市長選挙と歴代市長②―戦後八戸市の市長選挙と歴代市長」『専修法学論集』第１３８号（２０２０年３月）を参照。後に『戦後青森県の市長選挙と歴代市長』〔北方新社、２０２１年〕に収録。

(6) 大島は２０１２年12月に、自民党の東日本大震災復興加速化本部長に就任。政府への四度の提言を通じ、与党発の復興政策の実現で主導的役割を果たしている。双葉町への対応、助成金、および廃棄物を集約する中間貯蔵施設の建設などの課題については、他日を期したい。この点に関しては、さし当り「【続・証言あの時】元自民党復興加速化本部長・大島理森氏（上）（下）」『福島民報』２０２２年２月17日、18日を参照。

(7) 八戸市政界に大きな影響力を有する大島の引退声明は、10月31日、衆院総選挙と同時に行われた八戸市長選に大きな影を落とした。現職で四期目の小林眞に自民党県議で元議長の熊谷雄一が挑戦したからだ。両者はともに保守系であり、自民党は分裂選挙を余儀なくされた。結果は、熊谷の勝利に終わったものの、調整者としての大島の神通力が弱体したとみられてもしょうがない。大島は自分の不出馬と保守分裂の八戸市長選は全く関係ないという。内部の事情は知らないが、外から見る限り関係がなかったとはいえない（「政界激震　大島氏引退　中　八戸市長選への影響」『デーリー東北』２０２１年８月14日）。だから、東奥日報の近藤弘樹記者は、こうした状況を「大島氏の政治力が以前とは変わってきているのではないか」との声も聞かれるようになっている、と指摘している（「故郷への責任　自問し決断」『東奥日報』２０２１年８月13日）。

なお、引退した大島の後釜は、八戸市出身でＩＴ企業役員の神田潤一（51歳）が継ぎ、10月31日の総選挙で12万６１３７票を獲得し初当選した。神田は八戸高校を経て、東大経済学部卒、米イェール大大学院卒、日本銀行に入行、金融庁企画官も務めた。２～４代八戸市長を務めた神田重雄のひ孫にあたる。父は元八戸市議の神田洋一（同上）。

参考文献

・「大島理森　われら自民党議員〝スパイ防止法案〟に反対する―昭和21年生まれとして」『中央公論』〔1987年4月号〕、78頁。
・『MORY　EXPRESS』〔大島理森後援会、1997年〕。
・「衆院・常任委員長の横顔　環境委員長　細川律夫、議院運営委員長　大島理森、懲罰委員長　池端清一、国家基本政策委員長　小里貞利」『月刊官界』26（6）、2000年6月、2～6頁。
・「新文相に大島理森氏が就任―在任9ヵ月の中曽根氏と交代―子供の社会性育成に全力」『内外教育』〈時事通信社〉5124号〔2000年7月11日〕、2頁。
・「いんたびゅう　第124代文部大臣に就任した大島理森氏」『内外教育』〈時事通信〉5125号〔2000年7月14日〕、2～3頁。
・「大島理森　文部大臣あいさつ」『教育委員会月報』〈文部科学省〉609号〔2000年9月〕、2～4頁。
・「インタビュー大島理森（科学技術庁長官）核燃料サイクル推進が新原子力長計のポイント」『エネルギーフォーラム』46（551）〔2000年11月〕、82～85頁。
・「永田町25時　海部、高村を越えられるか　国対族「大島理森」大化けチャンス」『VERDAD』7（1）〔通号69号〕〔2001年1月〕、20～21頁。
・『18年目の報告書―国政への挑戦』〔大島理森事務所、2001年〕。
・「農林水産大臣に大島理森氏、副大臣に北村直人、太田豊明の両氏」『水産週報』1589号〔2002年10月15日〕、14～15頁。
・「大島農水大臣　秘書官〝6千万円口利き疑惑〟」『週刊文春』〔2002年10月24日号〕、164～167頁。
・「対談／今後の農政を語る―安全・安心な食料生産、農業構造改革、WTO農業交渉　大島理森農水大臣・酒井研一全国農政協会長」『農政運動ジャーナル』46号〔2002年12月〕、6～9頁。
・「小泉改造内閣が発足　農相に大島理森氏」『農政運動ジャーナル』46号〔2002年12月〕、10～12頁。
・「ガソリン国会どう乗り切る大島理森」『読売ウィークリー』67（5）号〔2008年2月3日〕、26～27頁。
・「議員対談　大島理森（衆議院議員・国会対策委員長）／森山眞弓（衆議院議員・当財団〔尾崎行雄記念財団〕理事

長）」『世界と議会』５２３号〔２００８年４月〕、６～９頁。

・「松崎菊也の無責任架空対談（第91作）大島理森ＶＳ仙谷由人」『金曜日』17（45）（通号７９１）号〔２００９年11月27日〕、32頁。

・「インタビュー今こそ立ち上げる時　日本に安心と希望の誇りを取り戻すために　自由民主党幹事長　大島理森」『財界人』23（８）（通算４９１号）、〔２０１０年８月〕、14～19頁。

・大島理森「磨き上げた独自の政策で政権奪還をねらう」長野祐也編『日本が動く時―政界キーパーソンに聞く Part10』〔ぎょうせい、２０１０年11月〕、３６０～３６７頁。

・「特集　大島理森（ただもり）副総裁に聞く　民（たみ）信無くば立たず：政治家は言葉に責任を持つ」『りぶる』31（８）号＝３６５号、〔２０１２年８月〕、８～15頁。

・大島理森「３党協議には国益を考慮して参加した」長野祐也編『日本が動く時―政界キーパーソンに聞く　Part12』〔ぎょうせい、２０１２年11月〕、１５８～１６７頁。

・「特集　東日本大震災復興の現状と取り組み　希望を持って〝終の棲家（ついのすみか）〟で暮らすために：大島理森東日本大震災復興加速化本部長が語る」『りぶる』32（８）号＝３７７号、〔２０１３年８月〕、８～15頁。

・大島理森「自民党は誰が総裁になっても３党合意の責任を果たす」長野祐也編『日本が動く時―政界キーパーソンに聞く　Part13』〔ぎょうせい、２０１３年11月〕、１３８～１４７頁。

・「INTERVIEW 原発を推進した責任もあり復興加速するため前面に：大島理森　自民党東日本大震災復興加速化本部長」『週刊ダイヤモンド』１０１（50）号＝４５１２号、〔２０１３年12月21日〕、37頁。

・「特集　大島理森　東日本大震災復興加速化本部長に聞く　希望の光を灯して復興を加速化：協働の力で希望と自立へ」『りぶる』33（９）号＝３９０号、〔２０１４年９月〕、８～15頁。

・「与野党に広げた人脈を誇る　大島理森衆院予算委員長　存在感増した男の〝表と裏〟」『THEMIS』23（11）号＝２６５号、〔２０１４年11月〕、50～51頁。

・「〔対談〕〝公〟を生きる史上初の戦後生まれの衆議院議長が語る政治家としての本音―大島理森氏（衆議院議長）×徳川家弘氏」『経済界』51（10）号＝１０６５号、〔２０１６年５月24日〕、84～87頁。

・「〔対談〕「公」を生きる史上初の戦後生まれの衆議院議長が語る政治家としての本音―大島理森氏（衆議院議長）×徳川家弘氏」『経済界』51（11）号＝１０６６号、〔２０１６年６月７日〕、89～91頁。

・「主幹が問うこの国のかたち　衆議院議長　大島理森氏　この一年」『時評』59（1）号＝６４６号、〔２０１７年６月〕、38～42頁。
・「大島理森衆議院議長インタビュー　小選挙区制を使い切っていない　問われるのは国会議員の人間力」『Journalism』３２５号、〔２０１７年６月〕、38～42頁。
・大島理森「国権の最高機関たる立法府の長として憲法と国会法に基づき公正公平にジャッジしていく」長野祐也編『日本が動く時―政界キーパーソンに聞く　Part16』〔ぎょうせい、２０１７年１月〕、１６６～１７０頁。
・『リーダーの本棚Ⅰ　〃決断を支えた一冊〃（大島理森）』〔日本経済新聞社、２０１８年〕、93～97頁。
・「誌上早慶交歓戦（第12回・最終回）慶応と私　衆議院議長　大島理森　１９７０年　法学部卒」『週刊東洋経済』６８４８号、〔２０１９年４月６日〕、１１２～１１３頁。
・「議会は民主主義の砦だ」『月刊日本』〔２０２１年11月〕、42～47頁。
・「衆院選の総括と求められる国会改革「聞く」岸田首相は参院選後に動き出す―対談、大島理森×松井孝治」『中央公論』２０２２年１月号、１１８～１１９頁。
・「極め人に聴く⑮　前衆院議長　大島理森」『カレント』２０２２年２月８日号、８～17頁。
・朝日新聞青森支局編『風雪の人脈　第一部　政界編』〔青森県コロニー協会出版部　１９８３年〕。
・『新編　八戸市史　通史編Ⅲ　近現代』〔八戸市、２０１４年〕。
・中里信男『道を求めて　中里信男回想録』〔デーリー東北新聞社、２００３年〕。
・木村良一『検証　戦後青森県の衆議院議員選挙』〔北方新社、１９８９年〕。
・藤本一美『戦後青森県政治史　１９４５年～２０１５年』〔志學社、２０１６年〕。
・藤本一美『戦後青森県の保守　革新　中道勢力―青森県選出の国会議員』〔志學社、２０１７年〕。
・藤本一美『戦後青森県議会議員選挙と正副議長』〔北方新社、２０１９年〕。
・【点描・永田町】〃元悪代官〃大島議長の警鐘：時事ドットコム
https://www.jiji.com/jc/v4?id=201812tnc090001
・「国対委員長」と国対政治・基礎知識［社会ニュース］
https://allabout.co.jp/gm/gc/293609
・「自民党　衆議院議員　大島　理森（おおしま　ただもり）ＷＥＢサイト」

www.morry.jp
・「選挙の記録」『青森県選挙管理委員会』
https://www.pref.aomori.lg.jp/soshiki/senkan
・『青森県百科事典』〔東奥日報社、１９８１年〕。
・『青森県人名事典』〔東奥日報社、２００２年〕。
・『青森県議会史　自昭和16年～至昭和20年』〔青森県議会、１９７４年〕。
・『東奥年鑑』
・『朝日新聞』
・『読売新聞』
・『毎日新聞』
・『日本経済新聞』
・『産経新聞』
・『東奥日報』
・『デーリー東北』
・『陸奥新報』
・『河北新報』
・『岩手日報』
・『福島民報』
・『新潟日報』

資料①大島理森：年表

１９４６年９月６日　八戸市尻内町に生まれる。
１９６５年３月　県立八戸高校卒業。
１９７０年３月　慶応義塾大学法学部卒業。
１９７０年４月１日　毎日新聞社入社。
１９７４年９月30日　毎日新聞社退社。
１９７５年４月13日　青森県議会議員選で当選。
１９７９年４月８日　青森県議会議員選で再選。
１９８０年６月22日　第36回衆議院議員総選挙で落選。
１９８３年12月18日　第37回衆議院議員総選挙で初当選。
１９８６年７月６日　第38回衆議院議員総選挙で２期目当選。
１９８９年９月　自由民主党青森県支部連合会会長（～１９９０年３月）。
１９９０年２月18日　第39回衆議院議員総選挙で３期目当選。
１９９０年２月28日　内閣官房副長官に就任（～１９９１年11月５日）。
１９９２年４月　自由民主党青森県支部連合会会長（～１９９４年３月）。
１９９３年７月18日　第40回衆議院議員総選挙で４期目当選。
１９９５年２月　自由民主党青森県支部連合会会長（～１９９８年11月）。
１９９５年８月８日　環境庁長官に就任（～１９９６年１月11日）。
１９９６年10月20日　第41回衆議院議員総選挙で５期目当選。
１９９９年10月　衆議院議院運営委員長に就任（～２０００年６月）。
２０００年６月25日　第42回衆議院議員総選挙で６期目当選。

２０００年７月４日　文部大臣・科学技術庁長官、原子力委員会委員長に就任（～12月５日）。
２０００年12月　自民党国会対策委員長に就任（～２００２年９月）。
２００２年９月30日　農林水産大臣に就任（～２００３年３月31日）。
２００３年11月９日　第43回衆議院議員総選挙で７期目当選。
２００５年９月11日　第44回衆議院議員総選挙で８期目当選。
２００５年11月１日　衆議院予算委員長に就任（２００６年９月）。
２００７年８月27日　自民党国会対策委員長に就任（２００９年９月）。
２００９年８月30日　第45回衆議院議員総選挙で９期目当選。
２００９年９月29日　自民党幹事長に就任（～２０１０年９月）。
２０１０年９月９日　自民党副総裁に就任（～２０１２年９月）。
２０１２年12月16日　第46回衆議院議員総選挙で10期目当選。
２０１４年９月29日　衆議院予算委員長に就任（～２０１５年４月）。
２０１４年12月14日　第47回衆議院議員総選挙で11期目当選。
２０１５年４月21日　衆議院議長に就任（～２０１７年９月）。
２０１７年10月22日　第48回衆議院議員総選挙で12期目当選。
２０１７年11月１日　衆議院議長に再任。
２０２１年８月12日　衆議院議員引退を表明。
２０２１年10月14日　衆議院議長・衆議院議員退任。

出典：『自民党　衆議院議員　大島　理森（おおしま　ただもり）ＷＥＢサイト』（www.morry.jp）ほか

資料②大島理森：資産公開・政治献金

1．東奥日報は2019年7月8日（夕）の紙面で、国会議員資産公開法に基づき青森県の国会議員で公開対象となった所得総額を明らかにし、「所得が最も多かったのは、大島理森衆議院議員で、3498万円となっていた（図表①）。前年より266万円増やし、3年連続で本県国会議員のトップとなった」、と報じた。

2、ほぼ10年前の2010年12月1日付の東奥日報によれば、本県知事・国会議員関係団体収入について、「大島氏最多1億超」という見出しが振られ、「既に公表された県選挙管理委員会分の収支報告書を含めた本紙独自の集計で、本県の知事・国会議員（元職を含む）13人のうち、関係団体の実質的な収入総額が最も多かったのは大島理森衆院議員で1億9991万円だった」、と報道。また、本県知事・国会議員が2009年に開いた特定パーティの収入（単位：万円）では、大島の分は（図表②）のようになっていた。

3、さらに10年遡る2002年10月25日付けの東奥日報には、次のような大島の献金リストに関する記事が掲載されている。

〈図表①〉

大島　理森（衆12自民）	
〔所得総額〕	34,978,099円
	（前年比）＋2,664,555円
給与所得（歳費等）	34,538,099円
雑所得（講演料等）	440,000円

〈図表②〉

関係政治家	政治団体	収入(万円)	収益	収益率
大島理森	大島理森後援会	2,586	2,583	99.9%

「１９９４年の八戸市民病院新築工事の着工直後に、受注した業者から大島理森農水相へ政治献金やパーティ券購入の形での献金が約10倍に激増したことが、（２００２年10月）24日の衆院予算委員会で、佐々木憲昭氏（共産）が公表した独自調査の献金リストで明らかにされた」。佐々木氏は「工事が行われた時期に献金が集中しており、明らかに口利きの見返りだ」と追及した。これに対して、大島氏は「政治資金規正法にのっとって適切に処理した。見返りということではない」と答弁した。

（出典：『東奥日報』
２００２年10月25日から再引用）

４、「大島理森君を激励する会」が毎年『八戸プラザホテル』で開催。２０１１年１月27日には２６３３万４０００円、２０１９年10月５日にも１８８９万７５６０円の収入。

（出典：『公益法人政治資金センター』）

八戸市民病院新築工事請負者から大島農水相への献金　（共産党調査）

業者名	工事区分	元請け·下請け	入札年月	1995年分	1996年分	1997年分	計
大館建設工業	エネルギー棟	元請け	94.12	500,000	5,000,000		5,500,000
吉田産業	病棟建築工事	１次下請け	94.12	120,000		120,000	240,000
大成温調	給排水衛生設備	元請け	95.2	360,000	360,000	360,000	1,080,000
いわき鉄工建設	空気調和換気設備	１次下請け	95.2	240,000	640,000		880,000
三協アルミ工業	中央診療棟等	１次下請け	94.12	120,000	120,000	120,000	360,000
アオモリパイル	中央診療棟等	１次下請け	94.12	280,000	120,000	120,000	520,000
日本エルミンサッシ	精神病棟	１次下請け	94.12		200,000		200,000
日本工業	給排水衛生設備	元請け	95.2		300,000		300,000
興陽電設	強電設備等	２次下請け	95.2		600,000		600,000
河原水電業	強電設備等	２次下請け	95.2		400,000	210,000	610,000
和井田電機業	弱電設備	１次下請け	95.2			120,000	120,000
中居工務店	病棟建築工事	２次下請け	94.12			200,000	200,000
久保田電機工業	弱電設備	１次下請け	95.2			120,000	120,000
南部木材	病棟建築工事	１次下請け	94.12		1,500,000	120,000	1,620,000
西浦水道建設工	給排水衛生設備	１次下請け	95.2			140,000	140,000
溝口電機工業所	弱電設備等	元請け	95.2		200,000		200,000
八戸通運	空気調和換気設備	１次下請け	95.2		3,000,000		3,000,000
村田興行	精神病棟	元請け	94.12		3,000,000	300,000	3,300,000
計				1,620,000	15,440,000	1,930,000	18,990,000

（注）大島農水相の政治資金団体「大島理森政経会」および自由民主党青森県第三選挙区支部の政治団体資金収支報告書から作成。金額はパーティ券収入を含む。

資料③政策提言

「景気回復なくして安心なし。建て直します。安心・希望の構築」今必要な目標はこれだと思います。目標のない政治は混乱します。裏づけの無い政治は無責任です。未来に責任をもち、四つの提言、一つの責任を訴えます。

それが「安心、そして希望への構築」と確信します。

提言1　景気・雇用を伸ばします

〈景気回復なくして安心なし〉

●私たちは、切れ目のない景気・雇用・生活・地方対策として、国費25兆円、事業規模１３０兆円を実行してきました。青森県、八戸市他町村の大型補正ができましたのもその結果です。３９０万人の雇用を維持してまいります。景気は、ようやく底を打つ状態になりました。しかし、回復まで至っていません。我が国の経済を内需と外需の「双発エンジン」構造に建て直すことです。「カギ」は、低炭素、生命、技術、地方の産業です。集中して投資します。状況によっては更なる景気対策を考えます。

〈中小企業の資金繰りを支援〉

●信用保証枠を30兆円に、公庫のセーフティネット融資を17兆円に拡大します。

提言2　安心・希望の芽を育てます

〈年金・医療・介護を立て直し、不安のない老後を〉

●年金に対する国庫補助を1／3から1／2に引き上げるなど、さらに安心できる年金制度の構築に取り組んでいきます。

●医師不足対策・介護の質の向上に取り組んでいます。

〈安心して出産、子育てできる社会へ〉

●安心子ども基金や子育て応援特別手当で子育て世代の若い母親を強力に支援します。

〈若者に充実した教育と雇用機会を〉

●教育は「国家百年の大計」であり、今後、教育への支援を充実させていきます。

●学校耐震化やエコ改修を進めます。

●若者に対し職業能力向上とその間の生活費などを支援します。

提言3　ふるさと・地方を元気に

〈地方財政支援で地域活性化〉

●地域経済回復のため、地方の取り組みを全力で支援します。地方への2・4兆円の臨時交付金を活用し、地域の活性化につなげます。

〈農林水産業者をしっかりと支援〉

●1兆円の予算を追加しました。それを活かし、農林水産業の活性化を支援します。さらに農山村・漁村の魅力づくりに力を入れます。

〈地方分権の着実な推進〉

●地方への税源移譲の推進と、安定した地方財政基盤の確立を図ります。地方自治体は安心サービスの現場です。特に市町村の基盤充実なしに道州制移行はすべきでありません。

提言4　平和・環境を守ります

〈テロ・海賊との闘いを継続〉

●国際社会の一員として責務を果たし、国民の生命と財産を守ります。

〈北朝鮮の拉致、核、ミサイル問題の解決〉

●国際社会と結束して、断固たる姿勢を示します。

〈環境技術立国を目指す〉

●太陽光パネルや環境対応車、エコポイントによるグリーン家電の普及を促進します。景気回復にも大きく寄与します。

〈地球温暖化対策にリーダーシップ〉

●低炭素革命で世界をリードするため、温室効果ガスを、２００５年比で15％削減します。

財源の裏付けのない口当たりの良いだけの政策は、負担を子・孫につけまわすことになります。私は、子や孫に負担を先送りすることを止め、将来世代のために責任をもって日本の経済・財政を建て直します。

行政の無駄は徹底的に削減し、かつ景気をしっかりと回復させたうえで、今後も増加していく社会保障にあてる安定した財源の裏づけを作るため、消費税を中心とした税制の抜本改革を議論し、皆様の御理解を頂いていきます。

出典：『自民党　衆議院議員　大島　理森（おおしま　ただもり）ＷＥＢサイト』（www.morry.jp）

初掲誌一覧

第一章　『戦後青森県の保守・革新・中道勢力―青森県選出の国会議員』（志學社、２０１７年）、第５章、『戦後青森県の政治的争点　１９４５年～２０１５年』（志學社、２０１８年）、第八部、第２章。

第二章　「〃八戸戦争〃と〃八戸方式〃」『戦後青森県の政治的争点　１９４５年～２０１５年』（志學社、２０１８年）、第六部、第１章）。

第三章　書き下ろし

第四章　「衆議院議長：大島理森」『専修法学論集』第１３９号（２０２０年７月）。

第五章　『臨床政治学会・ニューズレター』第18号（２０２０年３月）。

第六章　書き下ろし

第七章　「大島理森衆議院議長」『臨床政治研究』第11号（２０１９年12月：高橋史世のペンネームで執筆）

第八章　書き下ろし

補論１　書き下ろし

補論２　『臨床政治学会・ニューズレター』第20号（２０２２年５月）。

索引（人名）

ア行

カ行

サ行

タ行

ヤ行

索引（事項）

ア行

カ行

サ行

タ行

ナ行

ハ行

マ行

ヤ行

藤　本　一　美（ふじもと　かずみ）

(1944年３月15日～)

経歴　青森県五所川原市に生まれる
弘前高校を経て、明治大学農学部農芸化学科卒
明治大学大学院政治経済学研究科・博士課程修了
国立国会図書館調査員を経て、専修大学法学部教授
現在、専修大学名誉教授、日本臨床政治学会理事長

専攻　政治学

著作『青森県の初代民選知事　津島文治
ー「井戸塀政治家」の歩み』〔北方新社、2018年〕
『戦後青森県議会議員選挙と正副議長』
〔北方新社、2019年〕
『青森県知事　三村申吾ー長期政権の「光」と「影」』
〔北方新社、2020年〕
『戦後青森県の市長選挙と歴代市長』
〔北方新社、2021年〕他多数。

住所　279－0012
千葉県浦安市入船２－５－301
電話　047－350－5031
Email　thj0520@isc.senshu-u.ac.jp

表紙デザイン　今　　雅稔

青森県初の衆議院議長
大　島　理　森
―「真情と握りの政治家」―

2022年８月１日　初版発行
著者　藤本一美
発行所　㈲北方新社
弘前市富田町52　電話 0172－36－2821
印刷所　㈲小野印刷所
ISBN　978－4－89297－295－9　C0031